간밤의 폭풍은 감추어 두겠습니다

간밤의 폭풍은 감추어 두겠습니다

초판 1쇄 발행 2025년 8월 8일

지은이 정능소
펴낸이 장현수
펴낸곳 메이킹북스
출판등록 제 2019-000010호

디자인 홍규선
편집 홍규선
교정 안지은
마케팅 김소형

주소 서울특별시 구로구 경인로 661, 핀포인트타워 912-914호
전화 02-2135-5086
팩스 02-2135-5087
이메일 making_books@naver.com
홈페이지 www.makingbooks.co.kr

ISBN 979-11-6791-728-7(03810)
값 16,800원

ⓒ 정능소 2025 Printed in Korea

잘못된 책은 구입하신 곳에서 바꾸어 드립니다.
이 책의 전부 또는 일부 내용을 재사용하려면 사전에 저작권자와 펴낸곳의 동의를 받아야 합니다.

메이킹북스는 저자님의 소중한 투고 원고를 기다립니다.
출간에 대한 관심이 있으신 분은 making_books@naver.com으로 보내 주세요.

간밤의 폭풍은
감추어 두겠습니다

정능소

마른벼락 소리에 하늘 쳐다보니
무심히 내려다보는 큰 눈 하나

메이킹북스

시집을 내면서

어느 대학교수가 퇴직을 앞두고 수만 권의 장서를 기부하려고 여기 저기 알아보고는 개탄했다고 한다. 도서관에 책이 넘쳐나 받아 줄 곳이 없다고 하니 과히 책 풍년의 시대인가.

어릴 땐 책이 귀했었다. 부모님이 콩밭 새 쫓는 일거리를 주면 밤나무 그늘에서 책장 넘기기가 아까워 아껴가면서 읽곤 하였다. 앞뒷면 너덜너덜하게 떨어져 나간 책도 소중하게 여겼다. 스마트폰에 열중하는 시대에 종이책은 점점 인기가 시들해지는 것 같으니 파피루스나 양피지처럼, 언젠가는 종이책도 역사 속에 박제될 운명일지도 모르겠다.

시를 배울 때 "마음을 흔들지 못할 시는 아예 발표를 말"라는 가르침을 받았다. 감성이 메말라가는 인공지능 시대에 과연 내가 쓴 시 중에 단 한 구절이라도 타인의 마음을 흔들어 놓을 시가 있을까? 망설이던 중 "홍시가 되도록 기다리다가는 낭패 볼 저물녘이"라는 벗들 조언에 또 일을 저질러 본다.

2025년 7월
정능소

목차

시집을 내면서 5

고요한 밤 거룩한 밤

새벽 12   겨울나무 13   구름집 14   우물 이야기 15
재 16   하느님의 눈 18   발찌 19   새와 아이 20   꽃상여 21
빨간 차 22   흘러서 23   응달 24   가을 정변政變 25
별 사이에 두다 26   봄눈 27   고요한 밤 거룩한 밤 28
여우비 29   샐비어 30   쪽지 편지 31   절대 신공 32
대숲 바람 33   썩은 이 34   하찮은 사랑 35   중절모 쓴 가을 36
자작나무 37   달무리 38   잔혹 동화 39   밤눈 40
흔들리는 둥지 42   나방 44   사월 45   장구 치는 여인 46
콩새 47   장미 한 다발 48   조등弔燈 49   부러진 말뚝 50
이사를 하고 싶소 52   불멸의 사랑 53   지저깨비 54
오이꽃 55   그 56   툰드라 57   달래꽃 58

남의 달덩이

달걀 한 판 62   오래된 병 63   꽃병 64   겨울 냄새 65
매구 66   황혼 이혼 67   눈 발자국 68   줄기 69
평상천하 70   하이에나 71   잎새 72   물고기 73
감자가 싹이 나서 74   보푸라기 75   마개 76   지렁이의 꿈 77
생선 칼 78   콩죽 79   달 밝은 밤 80   해후 81
노각 82   개울가에 앉아 83   보쌈집에서 84
굵은 소금 85   쥐불놀이 86   카멜레온의 눈 87   들창 88
살 파먹히기 89   불여우 90   엉겅퀴 91   미운 달 93
문 94   똥 막대기 95   쇠똥구리의 초상 96   자반 97
남의 달덩이 98   매나니 99   복숭아의 품격 100
입동 101   새살 102   바람의 언어 103

매화가 지는 까닭은

변명의 조각 106   찬탈의 날 107   바람의 껍질 108
휘파람새 110   무심천 111   매화가 지는 까닭은 112
폭풍이 지난 후 113   말똥가리 114   잎새 바람 115
샛강의 반란 116   괭이갈매기 118   생선구이 집 119
봄바람에 120   오래된 강 121   뿔 122   장마 123
양귀비 125   소슬바람인 그대 126   금 간 기둥 127
늙은 풍경 128   매듭 129   희망이란 알 130   몽환의 달 131
벚꽃 아래서 132   나는 보았네 133   바위에 앉아 134
내일 135   설마가 일어설 때 136   풍창파벽의 날 137
보리타작 138   고목 139   노을 비치는 창 140
여린 날 141   여름 고개 142   턴 143   어름사니 144
소금기둥 145   11월 중순쯤 146   걸신 147   숙살지기 148
봄 149   돈 150

창백한 말

피 흘리는 꿈 154   노거수 155   미로 156
왜바람 부는 날 158   손가락 159   공작새 160   비석 161
등불을 들고 162   늪 163   껍데기 164   구린내 165
쓸쓸함의 정의 166   싹 167   빈 병 168   불 꺼진 창 169
무서운 미소 171   섬세한 바람 172   달콤한 봄 173
달항아리 174   유성 177   녹두꽃 178   습작의 하소연 179
나비 발톱 180   가난한 겨울 181   무명천 182
무한 속의 당신 183   굼벵이 184   비눗방울 185   광야로 186
거머리 187   영산홍 188   고추 먹고 맴맴 189   망각초 190
현絃 191   불의 뼈 192   파리 193   기억의 덫 194
창백한 말 195   적셔지다 196   방구리 197

[발문] 소슬바람, 그대 198

고요한 밤 거룩한 밤

새벽

아침의 시동侍童
새벽

풀잎 이슬방울 털어내며 아침을 인도하니

수줍은 아이라서 기다리는 이 앞에서 꼼지락거리며
늦장 피운다

눈 빤하게 기다릴수록

결혼식 앞둔 신부의
긴 밤처럼
약속 시간을 갉아먹는 연착하는 기차처럼

애간장 녹이나니

잊으면 어느새 다가와 문창 앞에 선
조용한 아이

아침의 시동
새벽

겨울나무

북쪽 성에서 되새 떼 날아오르면
뒤쫓는 몰이꾼

촘촘한 그물망으로 빈틈없이 덮치며 남으로 진격하는 군마의 질주!

수백 년은 족히 되는 노송

아이처럼 두 손 모아 고개 숙여 맞는 회초리에 얼얼한 뺨이 수치스러워

둥둥둥… 북소리 절정에 가닿으면 무아지경에
다다르는 이명 소리

정신을 놓아 버리는 것이 견디는 방법이기에
왜, 꼭 몸 상해야만 하루치 품삯을 벌 수 있는 걸까

웅크리지 못하는 몸이라 핏물 밴 상처를 핥을 수 없어

엉거주춤 선 채 오시는 손님
맞을 수밖에

구름집

　구름 위에다 집을 지었네요 발아래 아찔한 전경을 깔판으로 삼았습니다 그녀와 가재도구며 작은 액자 하나까지 내 기운으로 걸려 있어요 때문에 잠시도 멈추지 못하고 벌새 날갯짓으로 발돋움한답니다 구름은 허깨비 같아서 기운을 빼는 순간 모든 것들이 천 길 아래로 곤두박질칠 테니까요 몸에 힘 잔뜩 주고 버티고 선 여기는 그럴듯한 우리 집이랍니다 날갯짓을 멈추면 흔적 없이 사라질 우리 집….

우물 이야기

두레박 떨어지는 소리에 새벽이 밝아 오고 저물녘 어스름 내리던 마을

늙은 호두나무를 파수꾼으로 세운
마을 공동우물

새색시 시집오면 우물부터 찾아와
살펴보고 가던 날에

찰랑찰랑,
숨 몰아 걷던 새색시가 잠시 내려놓은 양쪽 양동이에 두둥실 뜬 흰 구름

하루하루 기워 나간 누더기 시집살이에 담벼락 능글맞은 호박꽃 피우고 지고

세월 좋아 집집이 수도 놓일 때쯤 폭 고부라진
할미꽃 되어

물 어미로 뼈 굵어 온 옛 우물 자리
여기쯤인가 저기쯤인가?

재

구불구불 휘돌고 도는
육십여 리 길
재

산비탈 옴팍 패인 자리에 울타리 없는
주막,

그날에 봇짐장수 장꾼 방물장수 재 넘어갈 어중이떠중이 모여들어
술배 밥배 채우며

촌보리동지들 장꾼들 서로 붙잡고 안부 묻던
만남의 장소이던 주막

뭉게구름 한 덩이 둥실 뜬 초봄 산릉선
진달래 꽃물로 물든 산야

버스값 아끼느라 정강말로 타박타박 에움길 돌고 돌아 마딘 재 넘던
아낙들

소 등짝을 회초리질로 몰아가며 소 도둑놈도 숨차게 밤 고개를 넘었
을 테지

곯은 배로 눈 돌아가던 날

무쇠솥 가득 펄펄 끓이던 고깃국 냄새로 온 동네 보신시키던 주막이 센바람에 삭아 휑한 묵밭으로 남았으니

짐승이나 사람이나
고달팠던

꽃가마 타고 왔다가 꽃상여로 마무리하던 길

산 아래가 뚫려 시원하게
쭉 뻗은 터널길

산자와 발맞추기를 눈치 보던 자들이 독차지하게 된 산길이 마냥 즐겁지만은 않을 터

뭇 발걸음이 갈피 못 잡는 날에
산새 울음만
구슬퍼라

하느님의 눈

장마철 습기 눅눅한 화장실
쥐며느리 한 마리

성벽 아래 외로운
척후병

동녘과 서녘 없는 하늘엔 여명 없이 해 뜨고
노을 없이 해 진다

단순하게 보이는 길이 천 갈래, 만 갈래 미로이니 눈이 절망으로 인도하는구나!

숙명으로 성벽 둘러쳐진 길에서 한 치 벗어나지 못하고
벗어나도 거기가 또 길인 것을

마른벼락 소리에 하늘 쳐다보니

무심히 내려다보는
큰 눈 하나

발찌

은쟁반에 또르르 구르는
홍옥 구슬

고관대작들 애간장이 다 녹도록 궁전 대리석 바닥을 맨발로 돌고 돌아라

살로메야, 희디흰 발목에서 찰랑이는
발찌가 숨 가쁘구나

복수의 날로 정한 잔치에 짐승 긴 이빨이 불멸의 눈동자를 꿰뚫었다

쟁반 위에서 허물어진
하늘 계단

전차군단이 무지막지한 두려움을 불러일으켜도 절대자 눈엔 한낱 흙먼지일 뿐

천상의 기둥에
악녀 헤로디아 이름이 새겨지는 날 살로메의 발찌가 귀에서 영원히 짤랑거릴 테니

새와 아이

창문이 열렸다, 확 밀려드는 신선한 공기

지금이다, 나는 쏜살처럼 창문을 빠져나왔다 동화 속처럼 아기자기한
주황색 지붕이 날개 아래에 놓였다

높이 날아오르려고 힘주는 순간 무엇에 탁, 낚아채 당겨진다

주근깨 얼굴 아이가 능글맞게 웃으며 손에 감은 실을 들어 보인다
그렇지, 실이 내 발목에 묶여 있었지
하루도 빠짐없이 언제나

하늘이 저토록 높은 것을 오늘 알았으니
황홀했었네

나를 끌어당기자마자 창문은 닫히고 다시 좁은 방 안이 전부가 됐다

빤히 바라보는 아이 눈동자에
새 한 마리 파닥거린다

꽃상여

교회당 종소리
뻐꾸기 울음과 어우러져 아련히 울리던 날

노랑나비 쌍으로 나풀대던
볕 좋은 날에

늘어진 만장 세우고 몇몇이 뒤따르던
사변 때 이북서 피란 왔다던
홀아비 꽃상여

음침하여라,
꽃무늬도 음침하여라

개울둑 개미 떼 놉 상두꾼들
우는 건지 웃는 건지 억지 곡소리에 환한
봄날 전경 속으로

죽은 자나 산 자나 넘어야 했던
보릿고개
날에

빨간 차

차를 샀습니다
아내가 좋아하는 빨간색으로

아내는 꽃자주색이라고 우겨도 그냥 빨간 차입니다

눈이 내립니다 펑펑 쏟아집니다

수북하게 쌓인 눈, 할부 많이 남은
차만 깨끗이 쓸었습니다

온 세상이 하얀데 차만 빨갛습니다

아내가 꽃자주색이라고 우겨도 그냥 빨간 차입니다

할부가 많이 남아 볼 때마다 속이 타는
빨간 불덩이입니다

아내는 끝까지 고집부립니다
꽃자주색이라고

흘러서

스치고 뚫고 거침없이
지나가 버린 것들

두 팔 벌려 막아도 뚫고 지나가니 둑 없는 허허벌판이요 담 없는 거처로

결국 나는,
천 갈래, 만 갈래 바람의 통로일 뿐인가?

작은 그물 하나 마련하지 못해 비늘 반짝이는 물고기를 눈으로만 즐겼으니

구름으로 쌓은 것 바람에 허물어지듯 밀물 앞에서 모래성 쌓는 아이의 어리석음으로

바래진 깃으로 무엇을 훑고 거침없이
흘러갈 수 있으려나

응달

   환영으로 서성이는 자들 쇠한 날에 애써 피운 꽃 중에 진홍색이 있던가

   풍기는 약 냄새에 자루 든 자들
저만치 돌아가네

   입에 거미줄 쳐도 죽지 않을 자들 마루 밑에 무엇이 떨어졌는지 도통 관심 없으니

   여긴 시간이 구슬을 천천히 굴린다네 또르르 또르르… 귀 거슬리는 소리

   한 뼘 두고 매번 물러나는 잔인한 희망이거니 쓴 약 많이 먹어 파리해진 몸,

   달콤한 것이나 실컷 좀 먹어봤으면

   허기는 신神과 가까운 사이가 되지만 연기가 피어오르고 강물이 휘돌아 나가는 땅이기에
   눈길 좀 주었으면

가을 정변政變

　녹림 깊은 곳까지 정복을 이룬
　녹의 장군

　천하를 손에 쥔 날

　무소불위의 칼날 마구 휘둘러 적장 수급을 몽땅 베어 성문 위에다 걸어 두니

　피 냄새를 맡은 까마귀 빙빙 도는 하늘 아래
　천하가 벌벌 떨었더라

　어느덧 갈색 곤룡포를 걸쳐 점잖은 걸음걸이로 모처럼 볕 쬐러 행차한 날

　장마당에서 쥐나 잡으며 연명하던 난봉꾼의 시비에 걸려

　목 떨어져 팔다리 떼어 사방으로 옥체 널브러지니

　용상이 한낱 여름날
　꿈이었더라

별 사이에 두다

당신은 이제 별 사이에서 살게 되었소

감추어 두고 한 번씩 꺼내서
보는 것이 싫어서

별과 별 사이에서 항상 웃고 있어야 합니다 언제든 바라볼 수 있게

정녕 이룰 수 없더라도 굳게 기둥을 세울 테요 그렇지 않으면 못 견딜 것 같아서

가슴에 뚫린 구멍을 메울 수 없어서 별과 별 사이에다 당신을 새겨 넣었소

미안하오

나,
살기 위해서

봄눈

창문을 흔들었어

자신을 알아볼 수 있냐면서 민들레 홀씨 흩날리듯 내 앞에서 내려서 더군

전생은 여름날 호두나무 잎사귀 같아서 필요할 때마다
한 잎씩 떼어 쓰는 걸까

바다에서 혹등고래로 그리고 뭉게구름에서
무명 치맛자락으로

시작은 계곡의 가제였을 수도… 지금껏 얼마나 많은 껍질을 벗어 왔을까

얽히고설킨 뭉치를 풀 길이 없어도 꿈결처럼 뜰에 휘날렸지

무엇이든 가능하기도 하고 무엇 하나
안 되기도 하고

고요한 밤 거룩한 밤

그녀 혀가 꼬부라진다
"제가 남자한테 환장한 년으로 보였겠네요… 서방 죽자마자 재혼했으니"
"무슨 말씀을, 산 사람은 산 사람 일을 해야지요"

아내 친구 연수 씨 살림을 정리하러 온 길

조촐한 술상에 연수 씨, 안주는 입도 안 대고 소주잔을 연거푸 들이키더니

"무서웠어요 혼자 덜렁 남은 것이, 아들놈은 코빼기도 안 보이지 밤마다 무서워 견딜 수 없었어요 아저씨는 저 욕 안 하지요"

아내가 등을 두들기며 달래니 연수 씨 기어이 펑펑 운다 금슬이 유난했던 부부, 남편이 느닷없이 가버렸으니

찔레순처럼 여린 연수 씨

마당으로 내려서니 보름달이 휘영청 밝다 얼마나 무서웠을까 혼자서, 늘 끼고 살다가

여우비

4월 중순,
유령이 걸어오듯 보리밭이 일렁인다

얼마나 많은 사람이 저 보리밭을 훑고 지나갔을까

보리밭 위로 바람처럼
흐른 날들

콩 보리쌀 지고,
비린 자반 맛보겠다며 삼십여 리 오일장 어둑한 새벽길을 나서던 남정네들

새카만 보리밥 하루 안 빠지고 먹어도
달덩이처럼 뽀얗던 이 땅의
처자들

호롱불 밝힌 초가삼간 부부의 참새 새끼들 눈 동그랗게 뜨고 재잘대던 밤도 흐른

민초들 걸음걸이가 4월의 보리밭
위로 모여든다

샐비어

몰라요,
우리는 아무것도 몰라요

왜 우리에게 빨간 옷을
입혀 놓았는지

초록 멜빵바지 난쟁이 요정에게 물어보세요

하늘 궁전 열두 기둥에다 두른
휘장 중에

붉은색을 누가 끊어 달아났다는
소문은 들었지만요

우리가 빨강 옷을 입은 것이 궁금하세요?

기다려 보세요

초록 멜빵바지 난쟁이 요정이
올 때까지요

쪽지 편지

　오늘 네가 미용실에서 나오는 것을 봤어 너무 야위어서 몰라볼 뻔했어, 아직 못 떠났구나 싶었지 너는 나를 못 봤을 거야 우체국 옆길로 재빨리 숨어 버렸거든 미안하다 너와 나, 마주치면 내가 휘어져 버릴 것만 같아서⋯ 이제 네가 거센 바람으로 다가오더구나 너와 함께 쌓던 둑이 허물어져 버렸으니⋯ 가끔 내 생각이나 할까? 나는 한동안 몸살을 앓았어 하긴 너는 항상 나보다는 침착했었지 그때 우리 좀 더 품격 있게 매듭지을 순 없었을까 서로 산들바람이 스치듯이 말이지 그게 아쉬워 이렇게 글로서 마무리하고자 하니 좋게 받아 주길 바래, 부디 건강하시고

절대 신공

국민학교 일 년 선배
강질이,
특기가 싸움 걸기다
그것도 상대방 약 올리면서
"너 같은 것은 요거 하나로 이겨"
검지 하나 꼿꼿이 세워
여기저기
마구 찔러 댄다
별명이 손가락이 됐다
동네에서 독불장군 노릇 하다
도회지로 이사 간
강질이네
아직 손가락 하나로
싸우고 있을까
중원에 나가면 고수들이 많을 텐데
손가락을 잘 간수하고 있는지
국민학교 일 년 선배
강질이

대숲 바람

복화술로 말하고 싶은 것이 무엇일까

질주하는 말,
부딪치는 창과 칼날에 불꽃이 튀니 짐승들 단말마 비명으로 아수라장이 된 밤

창백한 달은 핏물 뒤집어쓴 야차들을 외면하였으니
다른 장단이 시작되던 것을

파리떼만 횡재한 노다지에 살 썩고 백골 삭은 자리에서
일어서던 무수한
넋,

손에 쥔 것이 없으니 무엇을 할 수 있을까 빈자리 하나 없으니 유령처럼 떠돌 수밖에

유랑하다가 마음에 드는 자리에 주저앉아 마침내 군병으로 무리를 이루었으니

바람의 목청을 빌려 밤낮으로 주문 외우듯
애가를 읊는구나

썩은 이

7월 하순
땡볕 내리쬐는 마당에 튀는 불구슬

달리의 시계처럼 녹아 내리는 강아지와 고양이

언덕길에서 흔들리는 분홍 양산

노처녀 순례 씨, 정말 한 번도 안 해봤을까?

검푸른 빛이 도는 고색창연한
욕정이란 항아리,

나도… 참, 이 더운 날에 죄악스러운 생각이 뱀 대가리처럼 쳐들다니

뺨에서 불이 번쩍 일어나게 생겼는데 왜, 남의 고쟁이 속을 들추려 하는가?

분명, 한 번도 못 해봤을 노처녀 순례 씨
먹혀들어 간다 이글거리는
불볕 속으로

하찮은 사랑

사거리 공터, 포장마차에
불빛이 들어왔다
부서진 망대 잔해가 보기 싫어 몇 달을 지나쳤었다

꽁치 접시를 앞에 두고 쫑알대던 사랑도 별을 줍고 달을 줍던 사랑도 공수표로 날아간 자리에 앉아

주인아주머니는 눈치를 보며 멋쩍어하지만
소주가 입에 달다

사람과 사람, 사랑과 사랑 사이처럼 잘 허물어지는 벽이 또 있을까

달콤했던 속삭임들이 허공에서 춤을 춘다

쫑알대던 종다리는 지금은 어디서 공수표를 남발하고 있을까
까짓것, 저나 나나 닭대가리지

하루에 몇 번씩 올라타고도 데면데면한 닭들의 사랑, 그 이상도 그 이하도 아닌 하찮은
아주 하찮은

중절모 쓴 가을

친구여, 가을일세 찬 바람 불어오는 가을 말일세

살겠다며 눈에 시퍼런 불을 켰던
친구여

여름 가면 가을이 온다는 것을 그땐 몰랐었지 짙은 어둠이 산산이 부서지던 밤

새벽이 올 때까지 기운 펄펄 남아돌던
친구여

이젠 중절모가 그럴듯하게
썩 어울리네그려

부디 가랑잎 나뒹구는 거리엔 나서지 말게나 빈 양동이를 바람길엔 놔두진 않는다네

친구여, 눈과 귀 입을 조심해야 하는 계절이 도래했네

물기 없는 잎사귀 자칫 부스러지기
십상이기에

자작나무

바람에 드는
멍,

입술 깨물며 참노라니 차곡차곡 쌓이는
눈물 자루

어스름 부엌에 쪼그려 앉아 울음을 삼키시던 어머니 업業의 뿌리가 내게 뻗치니

속 가득 맺히는
멍울

키 삐죽한 허깨비들 아무 위로 없다

품 사이로 흐르는 바람에 멱 감고 매무새 단장하여 뽀얀 분칠 하고 섰노라니

배꼽 때처럼 낀 씨 하나 저 스스로 발화되어 불길로 번져 활활 타오르네

달무리

눈물 글썽이지 말고 부서지는 것들에
가슴 아파하지 말며

어떤 숨찬 야생화가 네 눈앞에서 피고 지고 했을까
무수한 찰나의 신음으로

발과 같은 손을 가졌으니 우린 어쩔 수 없이 방관자가 되어야만 했던 것을

네가 길에서 벗어난 적 없듯 말은 달리기를 멈춘 적 없으니

받아둔 잔은 마셔야 하므로

저주를 뒤집어쓴 석상들 눈앞에 두니 속병 나서 낯빛이 푸르스름하구나

왕자의 입맞춤이 더딘 까닭에
밤은 길고 기나니

잔혹 동화

언제부터 계획해 왔을까
결말을

간이 소각장에서 쪼그려 앉아 쇠꼬챙이로 잿더미 뒤적이며 불티를
일으키던 그녀

벼랑 끝에 서서 휘날리는 머리카락을 싱그러운 모습으로 봤으니

문 두드린 사람에게 기억에도 없는 빈 그릇을
돌려주게 되고

오랫동안 알껍데기 깨려고
휘두른 망치질에

과정을 보면 결말이 보인다던가 갈림길에서 침 튀긴 쪽으로 갔겠지

벼랑에서 힘껏 날아오른 그녀, 축축한 날개로
어디쯤 날고 있을까?

밤눈

눈 쌓인 나뭇가지에 새들이 날아듭니다

창 너머는 고요한 풍경으로
펼쳐졌고

나무는 한층 더 두껍게 껍질을 둘러야 하는 계절을 맞이했습니다

불멸의 자들 칼질에 뭉텅, 베어진
옛 뱀의 피는

배반자들이 마셔야 할 잔이요 발가벗고 들어가야 할 무저갱이 아닌가요

질그릇 깨어진 자들의 기억이 무슨 값어치가 있길래 악착같이 회유하려는지

시간의 바퀴가 굴러간 뒤쪽을 눈으로 볼 수 있습니까?

그것은 볼 수 있는 것이 아니라,
듣는 것이니

이 때문에 세상이 뱀의 혀 놀림에 농락당하고 있습니다

밤하늘 가득 메운 눈발이
어둠에 맞섭니다

창에 가둔 빛도 퇴색하는 터에 어둠에 젖은 세상이야 말해서 뭣하리오

벼랑은 늘 가까이 있어 달콤한 죽음이 손짓하지만 꽁꽁 언 채 박혀버린
말뚝 같은 뼈다귀에

새살 돋을 희망을 오매불망으로 동장군의 칼날이 무뎌지기만 기다리며

남은 숨을 아끼며
내쉰다오

흔들리는 둥지

방에서 얻어맞는
날벼락

한 통의 전화에 구름다리 쇠줄이 뚝, 끊어지며
잿빛 구름 드리우는
창문

재난을 피하려 별 이웃 삼아 둥지 틀어도 바람이 흔들고 구렁이가 기어오른다

지혜로운 자도 미련한 자처럼 재난을 당하니 죽고 사는 일은 셈법이 복잡하구나

씨앗을 뿌리는 자는 깃발이 펄럭거려도
밭고랑 사이에 서야 한다

젊은 놈은 경험이 없어 망하고 늙은이는 기운이 없어 망한다더니 삶과 죽음 사이에
숨 고를 행간은 영영 없는 걸까

내 방식으로 향을 피워 수작하는 짓에 뱃사공도 모른 척 고개를 돌리네

덫에 걸려도 한두 번쯤은 우연을 가장한 손길이 뻗칠 수 있으니

바둑판처럼 촘촘하게 짜인 숙명에서
치밀한 필연으로

강 건너간 그가 나를 위해 무엇을 내주었을까?

방 안 연기를 빗자루로 쓸어내며 시침 뚝 떼고 손님을 맞이하여

진담을 진한 농담이었다고
얼굴 붉히며

나방

잔칫날에 꼬여 드는
각설이

불길 위 엇박자 춤사위, 사방에 뿌리는 독 가루에 너도나도 눈멀어

저주는 입에서 시작된다더니 어찌 이름을 밉게도 지었을까

손 휘두르며 뿌리치니 용천뱅이라서
보리밭에 꼭꼭 숨으랴

구슬도 무늬 따라 대우가 천양지차이니 깊고 얕은 계곡마다 원성으로 메아리 사무친다

바가지를 깨뜨리면 무엇에다 얻어먹을까

태평소와 장구, 소고와 꽹과리 덩더꿍, 어우러지니 구린내 진동하는
마당놀이

사월

콧김 요란한 군마가 북녘 성으로 돌아간 뒤 성문은 굳게 닫히고 된바람은 기운을 잃었다

북녘 왕의 날에 꽝꽝 언 호수에 갇혀버린
포로들 돌볼 여유 없다

새파란 초승달을 길잡이 삼아 검은 숲에서 빠져나와야 한다

달콤했던 날의 기억, 그것 아껴가며
씨간장으로 사용해야지

보라!
북녘 왕의 칼에 희생된 뼈다귀에 살이 붙고 피가 돌아 산 사람으로 일어서는 날

태양은 기운을 차리고 말라붙은 초록을 거름 삼아 뭇 생명이 벌떼처럼 솟아오르니

잊어버린 꿈이 기억나고 환해지는 창문에
노랑, 하양 나비 날아든다

장구 치는 여인

구 시장 모퉁이에서
그녀를 보았네

정월 대보름날 풍물 패거리와 동네 땅바닥이 들썩하게 몸 흔들던 여인

신명 나게 장구 치던 모습은 온데간데없고 새카만 일개미로 과일을 팔고 있었네

이마에 땀방울이 송송 맺힌 그녀,

사는 날과 노는 날이
영판 딴 날일까

긴 날을 위해 짧은 날을 불쏘시개로 태우는 건가 아니면 짧은 날을 위해 긴 날을 태우는 건가

어느 쪽에 무게추를 놓고 사는 걸까
궁금하여라
그녀

콩새

눈알을 요리조리 굴리며 꼬박꼬박 말대꾸에
"아이고 저걸 누가 데리고 가려나"

엄마 아빠도
두 손 두 발 다 든 열두 살 단발머리 가시내
꼭지,

아빠가 술김에 전자 제품 가게에서
덜렁 들고 온 TV

동네 사람들 둘러앉아 보던 TV를 할부금 한번 못 넣고 홀랑 도둑맞았을 때

학교 파하자마자 시내 중고품 가게란 가게는 다 뒤져 기어이 찾아내
엄마한테 일러바친 아이

영락없이 닮았다
주둥이 야무진
콩새

장미 한 다발

누군가에게 내민
장미 한 다발

뎅강, 끊어 놓아도 싱그러운 숨쉬기… 죽음이 이토록 향기로울 수 있다니

매혹적인 아름다움에 붙은 처절한 신음, 거기에 코 박고 좋다고 탄사를 쏟으니

피 칠갑한 전신으로 세우는
선행의 기둥

자신을 소신공양으로 불태워야만 타인에게 기쁨을 주는 향기가 있으니

바람에 꽃잎 떨어지듯 난세에 목을 내놓은 자들에 의해 이어져 온 숨쉬기

목 잘리지 않고는 이룰 수 없는
장미 한 다발

조등 弔燈

바람이 불지 않으면
고이는 어둠

쓸고 닦아야 들리는 빛이지만 어둠은 소통되지 않는 곳을 영역으로 삼으니

살아 숨 쉬는 자들만 누릴 수 있는 선물은
빛이 아닌가?

불이 꺼졌다는 것은 영업이
끝났다는 것

조등弔燈은 귀신이 아닌 산 자들을 위한 불빛인 것을

영업하려면 작은 등이라도 하나 내걸자

가게 앞으로 지나는 이들 서로
이마 부딪치지 않게

부러진 말뚝

오토바이를 자기 몸처럼 자유자재로 다루던
날쌘돌이,

바람 가르며 달릴 때 비로소 살아 있다, 는 느낌 때문에 몇 번의 사고에도 포기할 수 없다던
오토바이

저마다 난 가슴의 구멍 크기는 다른 것일까

메울 수 있는 구멍과 메워지지 않는
구멍이 따로 있다니

츠렁바위 휘돌아 거친 탁류를 거스르며 꿈꾸던 무탈이란 바구니,
거기에 둥지 하나 틀기 위해서
달린 나날

홀어머니를 찾아 수시로 넘던 산길에서 가야금 줄 끊어지듯 허공으로 튕겼을 때

순간 구멍이 꽉 채워지겠다는 생각이 들었을 수도

찰나에
두려움의 벽을 뚫고 날았을까

계곡이 깊어 시신 찾는 데만 며칠이 걸렸었다니

생 말뚝이 뚝, 부러지는 것은
보는 이의 눈도 아려

우연이란 이빨 사이로 요리조리 잘도 피해 온 날들,

하지만,

한 치 오차 없이 떨어지는
기요틴의 칼날

이사를 하고 싶소

이사를 하고 싶소

부드러운 풀이 나지막하게 덮인 강둑 산책길이라면 좋겠소

강둑을 천천히 걸으며 서녘 붉은 하늘을
가슴 깊이 삼키겠소

호밀밭에서 불어오는 들녘 바람으로 몸 적시며 맑은 강물을 바라보고 싶소

애기풀들 그리고 풀꽃에 대고 아무에게도 말 못 했던 사연을 털어놓겠소

마음에 눌었던 땟국 씻어내고 바람의 옷으로 영혼을 맑게 할 것이오

이사를 하고 싶소 산책길
예쁜 곳으로

불멸의 사랑

70년대 공순이였던
형수의 혼잣말,
"걔는 잘 사는지 몰라 한 번씩 생각나네"

휴일에 동료 진숙이와 극장을 갔는데 뿔테 안경을 쓴 남자한테 대시를 받았고 예쁜 진숙이한테 빼앗겼다는 것

둘은 금방 불이 붙었고 잘 되나 싶었는데

어느 날 진숙이가 술 한 잔만 사달라고 해서 만난 포장마차에서 남자가 나병 환자라며 "나 이제 어떻게 하느냐"라며 펑펑 울었다고

며칠 후 작은 가방 하나 들고 나타나서는 "그 사람 따라 소록도로 내려간다" 말을 남긴

진숙이, 그 후 한 번을 못 봤다고

손익 따져보지 않고 인생을 불태워 버린 진숙이,
아직 칼날이 서늘할까
그 은장도의

지저깨비

바람이 이유 있어 불던가?

까닭 없이 일어나 구름을 불러 모아 그리고 지우기를 반복하니

누구의 상상이 세상을 그려 놓았나?

구겨 버려진 습작의
울부짖음이란

말발굽에서 일어난 흙먼지가 형상화되는 과정을 도무지 알 길이 없으니

밑그림 따라 번진 불길에 일어나는 무수한 형상

아하, 나는 누구의 밑그림으로
그려진 습작일까

오이꽃

　장돌뱅이 채소 장수 허수돌 씨네 5남매 중 막내보다 키 작은 셋째 재숙이,

　작은 키와 빼빼 마른 몸에 눈만 뻐끔하니 큰 아이

　금방 떨어질 오이꽃으로 보았더니 뒤주 양식 간당간당 떨어지기는커녕
　어찌어찌 흘러간 날에

　실하게 오이 달리듯 나올 데 나오고 들어갈 데 들어간 야무진 처자 되니

　건어물 상회 노총각 중매 들어와 맞선 보네 어쩌네 소문 돌던 날도 후딱 지나

　떡두꺼비 아들 업고 꽃무늬 양산 쓰고
　친정 나들이 온 재숙이,

　동네 어른들 그래, 그래 꼭지만 떨어지지 않으면 금방 저렇게 실해지는 것을

그

그는 어디에 있을까
티티카카 호수 한쪽에 갈대 오두막을 짓고
살고 있으려나

아니면 로키산맥 깊은 어디쯤 통나무집에서 맑은 공기 쐬면서 숨어 있을까

너는 악하고 잔인해도 태풍의 눈 속, 고요한 곳을 찾아 안식을 취하겠지

불멸의 칼날 부러뜨리고 긴 밤을 만든 변절자여
너로 인해 땅은 뒤틀렸고 태양은 불안한
빛을 띠게 되었다

날개가 꺾여 둥지에 날아오를 수 없으니 무당 패거리와 어울려 돌담을 쌓고
땟국 절은 깃발을 펄럭이며 사람들을 꼬드기는구나!

너의 타락이 길어지니 바라보는 자들도 지쳐간다
수레바퀴에 끼여 돌고 도니 얼마나 괴로울까
어떤 희망도 없이

툰드라

  70년대 창신동 사촌 형이 기거하던 무허가 건물에 윤숙이라는 매춘부 무슨 환각제를 먹는지 늘 동공이 풀려 있던 그녀, 정신 맑은 날은 꼬박 목욕탕엘 가며 옆구리에 낀 작은 바구니 속의 비누와 때수건⋯ 골목마다 단발머리 여자애들 빼빼 참새 다리로 고무공 튀듯 쏟아지던 날, 거기 윤숙이란 꼬맹이도 있었겠지 친구 따라 서울 왔다가 들어서게 된 창녀의 길, 밤하늘 별들 자리가 정해져 있듯 저마다의 운명도 정해져 있는 걸까 미루나무 우듬지에 걸린 가오리연이 언제까지 꼬리를 흔들 것 같아도 어느 순간 안 보이는 것처럼 그렇게들 사라지는 생生, 땅은 든든한 디딤돌이 되어 주지만 누구는 배 꿀렁거리며 토해 버린다 뱃속에다 비상 한 바가지 품고도 내색을 안 하니 무엇을 심어도 한 종지 꼴랑, 얻어먹기 힘든 날에 뼛골이 삭아 난다 때문에 잘 살펴야 한다 시퍼런 독 품은 땅에다 헛된 무엇을 심고 있지나 않은지

달래꽃

어느덧 열일곱,
달래야,
꽃봉오리 터지니 중매가 들어오는구나

엄마 아버지 없는 처자라고 남편 될 사람이 팔 한쪽 없는 상이군인이라니

눈칫밥도 견딜 만큼 먹었으니 비를 피하자는 심정으로 온 시집살이,

술주정으로 때려 부수는 살림살이에 간은 콩알만 해지고 둥근달 둥실 뜬 밤에 오갈 데 없는
달래야

울지 마라, 뽀얀 서리 시린 날도 때 되면 풀리듯 술 안 마실 땐 색시 같은 네 서방 철들 날 반드시 온단다

별빛이 눈 찌르는 밤이구나
달래야

남의 달덩이

달걀 한 판

마을버스에서 내린 범실 어른, 검정 비닐봉지에 다른 손엔 달걀 한 판을 들었네요 새봄 마을 길에 오종종하게 핀 노란 민들레꽃도 팔순 노인 발엔 걸림돌입니다 넘어질세라 살얼음판 걷듯 조심스레 걸음 떼시는 범실 어른

이태 전 할머니가 돌아가시고
두문불출하시더니

봄바람에 두더지 기어 나오듯 나오셔서 꽃샘추위에 뜨끈한 달걀찜이 생각나셨나요 암요, 살아 숨 쉬는 날이 원수랍니다 고개 넘을 때까진 넘어 봐야지요 선생님이셨으니깐 달걀찜쯤이야 맛나게 요리하시겠죠

오래된 병

칼에 찔리지도 총에 맞지도 않았는데
살이 뚫리고 뼈가 뚫렸다

소용돌이에서 살아남을 자와 휩쓸려 흔적 없을 자의 요행이란 줄타기 놀이

가시로 짜서 입혀준
옷,

살 깊이 파고들어 이쪽, 저쪽으로 돌아눕지 못해 신음으로 날 새우는 밤

가랑잎 하나 구르는 것

사람 눈에도 안 들어차는 것을 신神께서 봐주기를 바라는 간절함으로

금 간 그릇에 미운 정 고운 정 들었던가?
버릴 수가 없네

꽃병

　나에겐 꽃병이 하나 있지요 무슨 꽃을 꽂아도 잘 어울리는 예쁜 꽃병이지요

　장미와 안개꽃도 잘 어울리고요 노란 개나리 한 묶음 꽂아 두면 한 폭의 동양화가 따로 없답니다

　흔한 풀꽃 한 줌 꽂아 두면 종일
들녘 향기가 진동하지요

　어느 날, 탁자에서 떨어져 귀퉁이가 와싹, 깨어졌답니다

　붙였지만 예전만 못하게 되었습니다 그래도 아끼며 꽃을 꽂아 늘 탁자 위에 놔두지요

　가끔 꽃병 상점을 지날 때 예쁜 꽃병이 눈에 흘깃 들어오지만 그쪽으로 발길을 향하진 않습니다

　가난한 시절,

　내 작은 책상에서 종일 나만 기다리던 꽃병을 버릴 수 없기 때문이랍니다

겨울 냄새

새벽녘 온몸에
한기 두르고 들어오시던
어머니

코끝이 쎄하던
한기 냄새

가난한 집에 유독 칼날 사납게 휘두르던
동장군

한 겹 문창호지 넘어
방 안을 제 마음껏 들락거리던
겨울의 기세

이불에 넣고 녹이시던 꽁꽁 언
어머니의 손

궁둥이에 닿으면 화들짝 놀랐던

내 유년의
겨울

매구

　공단 후문 진회색 건물 계단을 내려가면 눈화장 진한 매구가 똬리 틀었다 흐릿한 불빛 속 파리한 낯빛의 그녀, 늙은 하이에나들 뼈다귀라도 핥아 볼 요량으로 꼬이는 곳에 피라미들도 아지트로 삼았다 드레스로 바닥 쓸며 홀 누비면 동석해 주기 바라는 늙은이들 애간장 적당히 태우는 법을 잘 안다

　쌍화차 한잔 마셔주는 것을 무슨 성은 베풀듯 하는 여왕벌은 젖비린내 풀풀 나는 피라미쯤이야 얼르듯 가지고 논다 피라미들과 누나, 동생 호칭으로 살갑더니 그녀가 공돌이들 피 같은 돈을 생선 살 발라 먹듯 핥고 튀었다 껄떡대던 늙은이 몇도 당했지만 망신살 뻗칠까 봐 입꾹 다물었고

　피라미들 서로 동서지간이 된 것을 알고는 기가 찰 노릇이라 에잇! 퉷퉷퉷! 총각 딱지 떼는 값으로 몇 년 치 품삯을 몽땅 바쳤으니 어떤 놈은 농약을 마시고 겨우 살아났다 피라미 한 놈이 수소문해 찾아간 매구한테 잠자리 한 번으로 퉁치고 빈손으로 왔다고 그녀의 무엇에 홀려 혼을 쪼~옥 빨렸을까

황혼 이혼

몇십 년

뼈 자라고 살 붙여 온 세월
세세히 기록한

두툼한 일기책

김칫국물이 튀었다며 쓰레기통에 버리고

새 일기책을 샀다

하얀 백지

지금부터 적어야 한다

칠십이 다 된
나이에

눈 발자국

눈발 그치니 짙어지는
어둠

눈 위에 내려앉은 푸르스름한 달빛, 산 아래 어디쯤 개 짖는 소리에 흔들리는 창,

멀어지는 그녀 발걸음 소리에 쨍그랑,
떨어지는 컵

제 날개로 들락날락하는 곤줄박이를 무슨 수로 잡아 둘까

덫 미끼 보잘것없고 쇠사슬 얇아 부실하니
가슴 녹아나는 날

머무를 둥지인지 가늠해보는 그녀가 안타깝고 그것을 지켜보는 나 자신이 서글퍼라

불안으로 튼
둥지,

마음에 안 차는 곤줄박이 어디서 허공을 헤집고 있을까

줄기

횟집 앞에서 사람마다 붙잡고
귀찮게 하던 남자

노래 경연에서 대상을 거머쥐었다 삐끼로 먹고살던 자에게 저런 재주가 있었다니

알고 보니 평생 창唱으로 정진한 할머니를
핏줄로 두었다고

부는 바람에도 저마다의 줄기가 있는 것처럼 내력 없는 것이 무엇이 있던가

잎사귀 무성해도 밑이 허탕인 것이 있는가 하면
가느다란 줄기에도 실하게 달려
나오는 놈이 있으니

산천에 손 안 탄 줄기가 지천으로 늘려 저 혼자 말라붙었다가 살아나기를 반복하는 세월에

감추어진 것들이 다음 세대로 고개 넘듯 넘어가니
어디쯤에서 발딱, 일어설까

평상천하

　마당에 평상이 있었네요 평수 작은 서민 아파트 위주로 오래도록 살았으니 눈이 돌았습니다 허름한 농가주택을 뭐에 홀린 듯 홀랑 샀습니다 수제비도 먹고 누워서 별도 봤습니다

　짐작하겠습니다만 방 놔두고 평상까지 들락날락하는 거 그것 몇 번이나 하겠습니까?

　가끔 아내가 텃밭 푸성귀 다듬을 때나 요긴하지… 어느덧 애물단지가 되어 길고양이들이 옹기종기 앉았습니다 놈들 털 날리면서 대판거리로 싸우니 조용한 날이 없습니다

　우리 중 누구도 평상을 치우자는 말은 안 합니다 목적이 사라지는 거거든요

하이에나

 그해 여름 물놀이에서 늙은 여자들 염치가 미제였다 굽는 고기마다 족족 입에 넣기 바쁘니 젊은 아낙들 비지땀을 뻘뻘 흘렸다 남자 쪽 상은 빈약하고 여자 쪽 상은 푸짐하였다 남자들이 보니 늙은 여자들 상추쌈을 입 터지라 먹고서는 배가 찼는지 모두 나무늘보처럼 늘어졌다 비계 엉긴 고기를 쟁반에 수북이 쌓아 둔 채 하나둘씩 그늘로 물속으로 들어가니 눈치 살피던 젊은 아낙들이 고기를 대충 긁어모아 남자들 평상으로 가져온다 마침내 한 사람이 소리를 꽥 질렀다 "우리가 하이에나여, 먹다 남은 쓰레기를 가져오게 이제 따로 놀자고 회비는 똑같이 내고 누구는 먹다 남은 잔반이나 처리하는 하이에나냐고" 그러자 옆에 있던 여자가 묻는다 "하이에… 거시기는 어디 냉장고여 중국 꺼야? 처음 들어보네"

잎새

벼메뚜기 뒷다리 통통한 계절에 매옥이 누나가 왔다

고모가 죽고 혼자된 열일곱 나이의 매옥이 누나, 아버지 둘째 누나 딸내미

다섯 살 형진이는 점방 앞에서 매옥이 누나한테 과자를 사달라고 매달렸다

왕눈깔 사탕이랑 고무풍선을 사서 불어주던 어깻죽지 가냘픈 매옥이 누나

아버지와 나누던 대화에서 갈 곳이 마땅치 않다며 흔들리던 연초록 잎새

입 하나 거두기 어려웠던 시절

끝내 신작로 흙먼지를 몰고 온 버스를 타고 손 흔들며 떠나던 매옥이 누나

집안에 바윗돌 응어리가 묵직이
내려앉던 날

물고기

풀밭 위 맨발로 노니는 소녀야, 나풀대는
머리카락이 부드럽구나

평온은 오래가지 않으며 곧 감당할 수 없는 강물과 맞닥뜨리게 된단다
덮치는 강물에 너는 물고기가 되어야만 하지

걱정하지 마라, 때 되면 너는 물속을 유유히 헤엄치는 물고기가 될 것이니
숙명을 거부할 수는 없단다

이빨을 피해 수초 사이에 숨기도 하면서
초목이 뿜는 향기가 가끔 그리울 때도 있지만 너는 금방 잊어버리지

꿈꾼 것처럼 별들의 소곤거림과 달빛이 더는
기억나지 않는단다

강물에서 너의 유영이 숙명으로
그려질 뿐이란다

감자가 싹이 나서

농산물 경매장에서 폭락한 감자 한 상자 값으로
세 상자나 샀다

쪄서 먹고 구워 먹고 감잣국에 감자조림에 밥상이 감자 반찬 천국이
됐다

아내가 달리는 말 궁둥이에 채찍질한다
"감자는 싹이 나면 못 먹어"

입안에 가득 찬
감자

감자만 보면 속이 울렁거릴 때쯤 친구에게
점심을 먹자는 전화가 왔다

생선 매운탕 얼큰한 맛이 입에 착착 감긴다

집에 와 보니 삶은 감자 한 바가지를 끌어안고 볼이 미어터지는 아
내가 말한다
"감자는 싹이 나면 못 먹어"

보푸라기

큼지막한 수건을 아내가 이리저리 살핀다

왜에?
보푸라기 나서 버릴까 하고

아내는 보푸라기에 참을성이 없다 인정사정없이 쓰레기통으로 간다

보푸라기에 관대할 때쯤 아닌가?
뭐가?
당신 거울 좀 봐봐

거울 앞에 서서 반백 머리를 쓸어 올리더니 하루가 다르네, 라며 중얼거린다

보푸라기일세,
세월 지난 자리에 돋아나는 흰 터럭 같은 것

말없이 수건을 개어 한쪽에다 잘 쌓아둔다
보푸라기가 보푸라기에게

마개

바람기 없는
호리병 속 고요를 보라

당신의 편안한 밤은 성루에서 어금니를 꽉 깨문 파수꾼이 서 있기에 가능하니

흔들어도 안 부서지는 이유를
잊어버리고

오르막 내리막 없는 곳에서
기운 없는 형체로

가둬 놓았기에 건진 몇 마리의 염소
칠삭둥이의 볼멘
불평

갈증이 심해도 뽑지 말라, 쏟아져 나오는 순간 허공에서 흔적 없이 흩어질 터이니

그대, 아직도 꿈꾸는가
램프의 요정처럼

지렁이의 꿈

　화면 속 기타 연주자의 손이 안 보일 만큼 현란하다 아무리 뚱땅거려도 늘지 않던 기타 배우기, 가르치던 동네 형이 너는 안 되겠다며 포기한 똥손

　집안 내력인가 아버지도 기타를 배우시다 그만두셨다니 유명 교육자가 유전자 법칙으로 닭이 봉황 될 가능성은 제로라며 부모는 그것도 모르고 아이들 헛고생만 시킨다고

　어릴 땐 지렁이가 뱀이 되는 줄 알았다 지렁이를 잘 키우면 용이 될 수 있다고 믿는 사람들 무시하지 마라, 지렁이도 흙을 먹고 배설해 땅을 기름지게 하는 재주가 있으니 먹고 똥 싸는 재주는 나도 있다

　하긴 지렁이를 토룡이라 하니
　영영 틀린 말은 아니로세

생선 칼

최적화되었다는 말은 자루 갈이가
안 된다는 뜻이 아닌가?

생선 몸통을 단번에 동강 치도록 만든 묵직한 칼, 다른 무엇을 할 수 있을까

향긋한 봄나물 좀
썰어 봤으면

비린내 칠갑하고 종일 생선 토막 치는 일에만 열중해야 하는 망나니의 숙명

어느 날 갑자기 안 보이는 역대합실 앞 50년 경력의 구두 수선공 노인

여름엔 땡볕 열기에 달구어지고 겨울은 된바람을 삼켰으니
간이 다 녹아 버렸다고

닳을 대로 닳아 뚝! 부러져버린 생선 칼
다른 꿈을 꿀 수 있을까?

콩죽

목구멍을 뜨겁게 적시던
콩죽

엉거주춤한 자세로 손목 시큰하게 노 젓다 보면 땀방울은 떨어지고 매운 연기까지 섞여야,

먹을 수 있었던 콩죽 한 사발

믹서기로 콩을 갈아 압력솥으로 뚝딱 끓여 낸 콩죽,
부드럽다 무슨 가룬지 모를 만큼

콩 알갱이가 오돌돌 씹히는
옛 맛이 그리워

코끝을 스치던 코스모스 향기, 자동차 타고는 느낄 수 없는 호사가 아닌가

신작로에서 세월아 네월아, 마던 걸음을
걸어 본 사람만이 맡아 본
향기인 것처럼

달 밝은 밤

목련이 부서지는
밤

마루에 앉았노라니 끊어질 듯 이어지는 어설픈 기타 소리

홍도야 울지 마라?
달밤에 홍도가 울 일이 무엇이 있다고 귀에 거슬리게 자꾸 반복하는가

얼굴 하나 팥죽 새알처럼 둥실 떠오른다

지금쯤은 폭삭 늙었겠지
세월이 얼만데

오래된 책에서 가끔 바싹 마른 단풍잎 하나 툭, 떨어지듯 나와 별일 없었던

생뚱맞은 인연이 한 번씩 떠오른다

양조장 막내딸
애숙이

해후

말하려고 애쓰지 말아요
구구절절 사연도 입심이 없으면 엉킨 실타래처럼 풀어내기가 어려울 테니까요

달동네 허접한 판잣집에서 시궁창 쥐처럼 살았다고요?

어떻게 알았냐고요?
깊게 팬 주름과 주름 사이 시궁창 쥐 지금도 길을 잃고 헤매는 것 보이네요

말 안 해도 알 수 있을 것 같습니다

무엇을 아느냐고요?
늙은 쥐 어디로 가겠습니까,

수구초심이라고, 땅 보탬 할 바엔 그래도 고향 땅이 좋지 않을까 하고

이왕에 보름달도 한 번 볼 겸 고향으로
내려온 것 아닙니까

노각

산골 오지 촌로,
장독에서 된장 퍼내는 그에게 말을 붙였다

"이런 호젓한 시골에서 마음 한번 편안하게 사셨겠네요"
"뭘요, 살림을 몇 번이나 엎어 먹었는걸요"

이어갈 다음 말을 잃었다

하긴 바람 안 부는 곳이 어디 있으며 과일은 껍데기를 깎아봐야 멍 자국이 제대로 보인다고

담장에 올라탄 마른 오이 잎사귀 사이로
팔뚝만 한 노각 하나

여름 내내 발걸음 소리에 마음 졸이며

다른 이들 목숨줄 뎅강 뎅강, 끊어지는 것을 보면서 얼마나 사시나무 떨듯 떨었을까

그런 모진 목숨이
노각인 것을

개울가에 앉아

  백로 한 마리 바위에 내려서니 밋밋한 풍경이 제대로 된 그림으로 그려진다

  화룡점정이란 이럴 때 쓰는 말인가?

  눈물이 그렁해서 바라보는 세상은
호수에 잠겼다고

  각자 사정에 따라 세상도 다르게 보이는 것을 그때 너는 왜 그렇게 삐딱했을까?

  지난날 어떤 장면은 칼날처럼 섬벅! 목덜미에 와 닿는다

  비행운에 실금
터져나가는
하늘

  선 자리가 바람받이인데 어찌 피할 수 있었겠는가
옹이가 훈장이다 하고

보쌈집에서

상추 싼 수육을 입에다 넣어 주었다 그가 한쪽 팔이 없다는 것을 종종 잊어버린다

터질 듯 거기쯤에서 멈추는 아슬한 풍선 불기

살짝 고부라지는 혀
형님,
왜?
불그스름 노을이 들어찬 눈동자로 배시시 웃고 만다

괜히 결혼한 것 같아요, 혼자 살 걸 그랬어요
인제 와서?
애가 셋인데 정신 바짝 차려 이 사람아,
그래야겠지요?

배 채우는 일에는 천사가 악마로 변하는 일이 아주 흔한 일이지 않은가

산다는 것은 슬픔을 느낄 일이
많다는 것이다

굵은 소금

뒷산을 관통하는 도로공사에
무연분묘 중
어릴 적 하루걸러 집에 오던 이북 내기 해주댁이 있었으니

첩 신세였으나 돈 빌려주고 여윳돈을 이잣돈으로 놔주기도 하여 동네 실세가 되니

남의 집 간섭이란 다 하던 풍채 좋던 할머니

비계 한 점에 눈이 번하고 소태처럼 짜야 살림을 꾸릴 수 있었던 60년대 화통한 여장부 해주댁,

생전에 자식이 없어 제삿밥도 못 얻어먹을 무주고혼이 될 것이라던 그의 말대로

산길 옆에서 비바람 맞고 구절초 향기에
절은 날 지나서
이장하려 해도 연고자가 없으니 업체에다 맡기기로 하였는바

푸르딩딩한 굵은 소금 한 줌
이제야 녹으려는가

쥐불놀이

방아깨비 날 아흔넷, 호상 아니라고
고개 내저으니

가을에 죽으면 가을새
겨울에 죽으면 겨울새

꿈속인 듯 날아가 버렸으니 깃털 하나
부여잡고 애가 탄다

덩그렇게 버려진 소라 껍데기 속에서
밤마다 무섭다며 우는
귀뚜라미

문지방 너머가 북망산천이건만 주름진 눈에 찬
두려움으로
자기가 귀신인 줄 모르고 귀신
무서워한다더니

밭고랑 바짝 말라붙어 불날 지경에
끓은 냄비는 애가 닳아
새카맣게 타겠네

카멜레온의 눈

 알고 있었다 네가 벌겋게 달아오른 아궁이라는 것을 훔쳐 먹는 물맛을 잊지 못해 남편이 먼 도시로 여행하기만 바랐지 그날이 왔을 땐 다정하게 배웅하고는 침대보를 갈아 끼우고 향수 뿌려 신방을 꾸몄다

 검은 물감으로 그린
 눈화장으로

 건물 모퉁이에서 서성거린 너는 어슬렁거리는 수나귀 한 마리를 끌고 방에 들어왔으니 오호라! 선반에다 몰래 빼놓은 나의 한쪽 눈을 못 봤구나

 여기는
 아라비아 사막,

 계곡에서 밤새도록 괴성을 지르며 흥분으로 벌겋게 달아오른 아궁이를 보았다 베두인에게 산 단검을 가슴에 품고 식을 줄 모르는 불덩이인 너의 혀를 잘라내고 심장을 도려내기 위해서

들창

 5학년 되던 해 새어머니가 왔다 나는 돌돌 말은 쥐며느리가 되어 방문을 꼭 닫고 있었다 작은 방에는 손바닥만 한 들창 하나가 있었다 발돋움해서 본 바깥 풍경은 저 스스로 지나가고 있었다 사랫길 양편 백발 군병들 일렬로 늘어서서 맞이하던 겨울 된바람도 들창 안에서 휘몰아치다 끝났다 노란 개나리 봄바람에 가스랑거리고 멀리 교회당 종소리가 아련히 가슴에 내려앉는 날 나는 허벅지에 살이 붙고 뼈가 단단해지고 있었다

살 파먹히기

　노점상 외팔이
　정 씨

　마누라가 열두 번도 더 집을 나갔다 들어왔다 하는 세월에 아이들은 다 커버렸고

　버릇 여전한 마누라에게 이젠 그러려니 한다고

　낯선 길에서 애 터지던 날들

　벌레가 갉아 먹는 데는 꽃잎이나 억센 줄기나 아프긴 매 마찬가지인 것을

　아카시아 향기 코 찌르는 날에 가향주는
　언감생심이라도

　텁텁한 막걸리 한 사발 마실 팔자라면 가슴에서 회오리치는 바람을 가라앉힐 수 있을 터

　살아 보겠다고 몸부림치는 그것, 입 달린 짐승의
　애잔한 모습일지니

불여우

 교인 야유회인데 저런 야한 차림으로 올까? 아들 하나 둔 이혼녀인 그녀, 가무스레한 건강미에 어쩌려고 여우짓까지 보탤까 실크 원피스로 걸을 때마다 관능적인 몸매가 살짝살짝 그려지니 남자들 애써 고개 돌리고 여자들은 입을 비쭉거린다 느티나무 아래 둘러앉아 점심을 나눠 먹고 풀 언덕으로 자리를 막 옮겼을 때 우려하던 일이 일어났다 바람받이에 선 그녀의 굴곡적인 몸매가 적나라하게 드러났으니 중이 아니라서 목탁을 치며 정신 가다듬을 수도 없는 노릇에… 얼굴 벌게져 어쩔 줄 모르는 장로님들 보며 생글거리는 그녀, 그러고 보니 바람받이에 냉큼 올라선 것도 치밀하게 계산된 여우짓이라는 게 섬찟하다, 그녀의 끼!

엉겅퀴

취향이 독특하군요

까마귀와 해골바가지 피 묻은 칼, 소름 돋는 그림을 담장에 그려 놓다니

얼른 지우고 대문을 활짝 열어 두세요 여긴 도둑이 없는 마을이랍니다

겨울에 웬 떡갈나무 잎사귀일까?

가까이서 보았더니 나뭇가지에 까마귀가 몽땅 내려앉아 번들거리는 눈알로 뚫어지게 보더군요

응달진 거처와 썩 어울리는 풍경이지만 높은 담장으로 가릴 필요는 없습니다

뭇 성인도 사람의 마음을 두루 얻진 못했습니다
어울릴 생각은 없습니까?

내일은 축일입니다

사람과 함께하는 거 별거 없습니다 조금 어수룩하면 누구와도 잘 어

울릴 수 있답니다

장구 치며 신명 나게 놀 터이니
꼭 나와 주세요

미운 달

두텁게 분칠하고 눈썹 그려 애써 속 감추는구나

네가 이쪽 속을 알겠니, 이쪽이
그쪽 속을 알겠니

살아 보니 속살은 어언 빠지고 헐렁하게 늘어진 거죽에 바람만 한 됫박이구나

사슬에 묶여 서쪽으로만 빙빙 도는
팔자 서러워 마라

코 꿰어진 팔자가 여물통 비는
법은 없단다

고삐 풀어주면 세상을 마음껏 유랑할 것 같아도 옹이 박히는 발바닥의 길은 짧으니

못된 송아지 이리저리 날뛰다 저무는 하루, 빤히 지켜보는 재미가 쏠쏠하지?

문

애타도록 안 보이거나
한 번을 안 연 새것이 있는가 하면 너무 여닫아 닳아 빠진 것도 있다

잘 열면 천국의 계단이고 잘못 열면 천 길 낭떠러지이니
일찍 와서 못 들어간 곳도 있고 늦어서
못 들어간 곳도 있다

경비병을 세워도 들어갈 수 있는가 하면 경비병이 없어도 못 들어가는 곳이 있다

허름하지만 속은 알찬 것도 있고 화려한 무늬로 유혹하는 곳에서 안 봐야 할 것을 볼 수 있으니

열릴 것 같으면서 안 열리는 곳이 있고 바람에 열리는 헐거운 것도 있다

나간 자를 두 번 볼 수 없는가 하면 들락거리는 자도 있다 평생에 단 한 번만 여는 곳도 있으니
여닫는 놀이에 저무는
해

똥 막대기

휴식처로 방치되었던 왕궁터에 들어선
민속 박물관

천오백여 년 전 사람들이 사용한 물품 중에 뒤처리한 나무 막대기가 진열되었다

사람은 땅보탬이 되어 흔적이 없는데 밑구멍 닦은 똥 막대기는 날 좀 보소, 하고 있으니

인생이 어찌 똥 막대기보다 못한가

발굴 전 휴식처의 입구 구멍가게도 쫓겨났다

죽은 사자獅子보다 산 개가 낫다더니 사자死者에게 산 사람이 잡아먹힌 꼴이 되었다

하긴 한 나라의 왕도 똥 막대기보다 못한데
하류 생이야 말해서 뭣하랴

쇠똥구리의 초상

　야간작업 마치고 공단 정문을 나서면 가로등 불빛에 깃털 적시던 찌르레기 한 마리

　어둠 저편에 눈 치뜬 불안한 내일

　지푸라기 둥지로 향하는 발걸음에 따라붙던 달그림자인지 가로등 그림자인지

　밀린 월급에도 잔업을 해야 했던 70년대,
시대의 바퀴는 헐거웠고

　부자와 가난뱅이 별반 차이 없던 시절에 소망한 것이 세끼 밥 안 굶는 것이었으니

　기차 연착되던 날엔 눈알이 빠졌지

　사글세 전기세 연탄값 쌀값 이발 외상값까지… 기차가 탈선하면 모두 나가자빠지던 날

　밤이슬 맞던 날이 부지기수였던 똥 한 짐으로 빠듯했던 젊은 날의 초상

자반

지금쯤 마른 내 자갈밭을 건너가고 있을 겁니다

줄 담배로 속이 까맣게 타서 앉은 평상에 반달이 빠끔하니 내려다봅니다

찌그러진 양재기 기분이라 장대를 휘둘러 감 따듯 달과 별을 몽땅 떨구고 싶습니다

암소 콧김에도 쓰러질 싸리 울타리와 선반에 먼지 소복한 이 빠진 사발 그릇 서너 개

애꿎은 동구미만 발로 냅다 걷어찹니다

참아야겠지요, 낼모레쯤에 자반 한 손 들고 시침 뚝 떼며 들어올 테니까요

남새밭 풋고추 상추 가지 토마토 요런 애들 눈에 밟혀서라도 길어야 이틀일 겁니다

시골살이, 부부싸움 핑계 삼아 콧구멍에 바람 쐬는 것 이해 못 할 일도 아니지만요

남의 달덩이

자갈 깔린 개울가
아낙들 접시 깨지는 빨래터에 영동이 아저씨 아내 윤 마담도 끼어 있다

텃밭 가려고 자갈밭을 건너는 그때 윤 마담이 뒤돌아서서 느닷없이 궁둥이를 까는 것이 아닌가

쏟아지는 강물, 뻔히 뒤에 내가 있다는 것을 알았을 텐데 도대체 무슨 고약한 심보람

뿔 시원찮은 송아지라서 무시한 것인가? 야릇한 여자의 마음을 도무지 알 길이 없으니

말뚝처럼 박혔던 발걸음은 거기서 뚝, 끊겼다 그날 과연 텃밭으로 잘 건너나 갔을까

읍내 다방으로 복귀한 윤 마담이 화사한 한복 차림으로 손님을 맞을 때

나는 그녀의 희디흰 엉덩이만
훤하게 떠올랐다

매나니

허공에 눈발 차듯
꽉 차서
펄펄 뛰며 살다가, 살다가

눈 녹듯 흔적 없이 사라져간 사람들

한 세대가 가면
한 세대가 오니

끊임없는
행렬

거기, 너와 나는 없고 우리만 있을 뿐인데

받아둔 밥그릇 개수 까맣게 잊어버리고
자루 채우기 골몰한 날

어느 산중에 반쯤 드러난 해골바가지

한쪽 눈을 비집고 올라온
달개비꽃

복숭아의 품격

우린 품격에 대해서
의견을 나누었지

맛보다는 향기로 먹는 것에
품격을 두는 것으로
향기는 어둠 속에서도 날갯짓을 멈추지 않으니

품격이란?
질질 흘리지 않는 것
게걸스러울 수 있는 것을 게걸스럽지 않게 보이는 것

부끄러운 짓에 고개를 돌려주는 것
입 쓴 자들에게 달콤하게 묻은 것을 감쪽같이
숨기는 것

와삭! 베어 무는 소리를 입 속으로 삼키는 것

최상품 백도 상자를 카트에 싣고
짐짓 푸성귀로 덮어
가리는 것

입동

하늘은
잿빛,
초목은 학치뼈로 서로 부대끼고

까투리알 낳기 좋은 마른 풀더미에
된바람이 둥지 틀었다

비역살 빠진
풍경에

홑치마 여인 물러가니 겹치마 여인 들어서네

하얀 분가루를 뒤집어쓴 논바닥은
숨 삼켰고

퍼먹은 된장 간장에
입구린내 진동하는 산골 고라리,

회초리 맞을 종아리 걷은
입동 즈음에

새살

경매에 몇 번 유찰된 건물이 곡식 널고 무말랭이 말리는 공터가 되었다

타고 올라간 덩굴에 찌그러진 깃발,

초행길 사람들은 몰라도 동네 사람들은 알고 있다
관공서였다는 것과 깃발의 글씨까지

노란 치마 널어 둔 담장 위로 벚꽃이 환하게 터지고 뾰족뾰족 난초 싹이 재채기하는 초봄,

살구나무 아래에서 휘날리는 꽃비를 맞으며 살구 주울 날 어림으로 재보는 할미들

보라, 곪아 짓물러진 상처를 내버려두어도
스스로 새살이 돋는 것을

바람의 언어

그날에
소녀는 나를 좋아했던 것 같습니다

왜, 좋아했을까
앞 뒷장 다 떨어진 헌 책처럼 너덜너덜했던 나를

동창생 연애편지를 전해 주었을 때 소녀는 물끄러미 나를 바라보았습니다

왜, 바보짓을 하느냐는 듯 말입니다

도회지에서 날아온 비둘기와 시골 고라리는 서로 묶을 수 없는 매듭이라

언감생심, 소녀의 그림자만 눈으로 밟았습니다

저울질조차 제대로 안 되던 날,

강물은 그렇게 쉬이
흘러갔습니다

매화가 지는 까닭은

변명의 조각

몰래 버렸어,
너를

지켜보는 눈이 있다는 것을
미처 알지 못했지

밤새도록 신열에 시달렸어
가위바위보,
변명을 주고받느라

너를 위해서였다는
변명을 뚫고 튀어나오는
송곳

죄악이 아닐까, 두려움이 엄습했고

참을 수 없어
너를 버린 장소에 가봤더니

그곳엔 시퍼런 강물만
출렁거렸어

찬탈의 날

까마귀 서너 마리 허공에서 목이 쉬었다
까악!

하늘을 새카맣게 덮던
천군天軍,

겨울 들녘이 놀부 마누라 밥주걱 된 날에 이 땅의 호랑이 곰 늑대 여우 오소리 너구리 산토끼…

씨감자 한 톨 안 남기고 어디로
떠나버렸나?

게으른 머슴을 내쫓는 박한 주인도 여비 몇 푼쯤 던져주는 것은 인지상정이건만

무슨 죄목으로 쫓겨났을까 아라사 허허 들녘에서 유랑 걸식할 이 땅의 짐승들아,

주인과 종놈이 서로 옷 바꿔 입고 두들기는 매타작에
마당만 아수라장이 되는구나

바람의 껍질

팔풍받이 너럭바위에 앉았노라니
쉬이 들어차는 허기

좋다, 이 가벼움이
싱그러움이

가벼움을 갈망한다면 두께살로 붙은 흙덩이는 떼어내야지

있는 것도 아니고 없는 것도 아닌 것이

영원 불사로

무심한 듯 간섭 안 하는 곳이 없구나

예지를 전하는 전령으로 희로애락의 숲을 주물럭거리는 느낌은 어떨까

어둠과 빛의 계곡을 가로지르는
천마로

구름에 올라타고 피와 살로 된 천을 짜내어 세상을 도모하니

모두 바람의 자식이로구나!

바람받이에 앉았노라니 바람이 제 살냄새를 맡고는 죽으라고 달라붙는다

껍데기 벗자고

휘파람새

제 그림자에 놀라는
겁보라니

가슴 졸이면 빨리 도래하는
허리 굽는 날

기운 약한 불꽃은 어둠에 먹히나니

제삿밥을 고봉으로 퍼담기 위해서는 부지런해야 한다

땅 짚고 헤엄치는 것이 버릇되면 깊은 물속
큰 물고기는 구경 못 할 터

작은 숲일수록
험담이 잘 들리기에 귀마개가 필요하겠구나

한적한 산골에다 아방궁 지어놓고

첩 껴안고 깨소금 볶는
졸첨지야

무심천

무심하게 흐른다고
무심천,

폭우의 성난 용두질에 강둑에 방치되었던 빈집 하나가 흔적 없이 사라졌다

딸 하나 두고 강변 자투리땅에 콩 옥수수 심고 겨울엔 연탄 배달로 새카맣던
달용이,

마누라의 간부를 낫으로 쳐 죽이고 자신은 며칠 후 저수지에서 떠올랐다

난잡하게 그려진 화폭을 황토물이 깨끗이
쓸어 버렸으니

이런저런 연유로 사라져간 거친 풍경이 얼마나 될까

폭우 그친 말간 하늘 아래 시침 뚝 떼고
무심하게 흐르는
무심천

매화가 지는 까닭은

울지 마시오

모름지기 삶이란 물기가 빠져나가는
과정인 것을

꽃이 시들고 잎사귀가 탈색되고
빠지는 깃도
거칠어지는 털도

그것 모두
물기가 빠져나가는 과정이라오

울지 마시오

여러 함지의 눈물을 쏟아 낸 그대이기에
한 방울 채 안 되는
물기로

말라붙은 잎 바스러질까 봐
걱정되오

폭풍이 지난 후

　폭풍이 휘몰아치는 밤에 그대, 세상없이
　곤히 자더군요

　나뭇가지가 부러지고 지붕은 들썩이며 고양이 울음이 폭풍 속에서 메아리쳐도

　꿈속 고요함을 즐기듯 미동이 없었습니다

　어둠 속으로 모든 것이 빨려들어 빙빙 도는 소용돌이 기둥을 보았습니다

　밤하늘 가득 혼돈의 신神이 핏발 선 눈으로 구리종 울리는 소리로 울부짖으니

　잡신들 두려움으로 벌벌 떨어도
　고른 숨을 쉬던 그대여,

　심장이 쿵쿵 뛰어도 그대는 아무 일 없는 듯 평온하게 아침을 맞더군요

　간밤의 폭풍은 감추어 두겠습니다

말똥가리

나뭇가지 얼기설기 엮은
둥지

갈 곳 마땅찮아 찾아든 피멍 드는 잠자리

밑둥치에서 기어 올라오는
뱀,

편치 않은 잠자리에 꿈자리도 사나워라

불편한 잠자리도 습관이 되면 낯선 이부자리보다 편안하고

칼날로 찌르는 아픔에
굳은살이 박이는
법이라

가시 무뎌질 때까지 참아내는 말똥가리의 날

허공으로 날아오른 깃털에
핏물 번졌다

잎새 바람

 구두 수선쟁이 천 씨, 저희끼리 자란 아들과 딸내미 돈 보내오고 긴 병의 아내는 신약으로 얼굴에 핏기가 돈다 20년 묵은 대출 빚 이제 두어 달 남았다 꽝꽝 얼었던 둑이 질펀하게 녹아내리니 몸 녹신해지는 날, 한 번 얼었다 녹는 것에 본래 맛이 남았겠는가 실금 잔뜩 슨 채 간당간당 버티는 둑이므로 꽝꽝 얼었을 때가 차라리 단단했노라고 얽힌 실뭉치에 진 빠지는 푸닥거리는 한 번으로 족하니 잎새에 이는 바람도 싫다고

샛강의 반란

당신의 눈을 가지게 된 날 비로소
당신이 보였습니다

마뜩잖은 새끼 독수리,
벼랑 아래로 떨어뜨리지 못해 출렁이는 바다와 싸웠을 당신의 연민,

강이 얕아서

샛강으로 나눌 물길이 아니었지만 욕심을 부렸으니

샛강은 저 스스로 물길을 만드느라 전신이
만신창이가 되었습니다

수고한 날이 참새 오줌이라 나누어 줄 것이 없는
샛강이 되었고

칼날을 맞받아 찔렀으니 핏물 밴 강물에서 무엇 하나 건질 게 없었
습니다

집으로 돌아간 당신,

나도 곧 내 집으로 돌아가게 되면 서로 후벼판 굵은 생채기만 남겠지요

　마무리를 어떻게 해야 할까, 라는 고민만 남은 정극 한 장단이 끝났나요,

　아니면 제대로 막이 내렸을까요
　알 길은 없지만

괭이갈매기

더 멀리 그리고 높게
더 높이

현실은 고작 한 움큼의 하늘에서 빙빙 맴돌고 있으니

날 줄 몰라도 날기 싫어도 날아야 하기에
창살이 따로 없구나

특별한 것도 특별한 것끼리 모이면 흔한 것이 되니 손 대신 가진 날개, 비싼 값을 치른 것이지

잠시 쉬려고 땅에 내려앉으면 날아라, 라고 부추기니 불멸이라고 좋은 것도 아니겠구나

날개는 변명이고 핑계건만 하늘을 덮어야 완성되는 그림에다 그려 넣었으니

부서질 때까지 날아야 하는가?
괭이갈매기

생선구이 집

간판이 없어 무엇을 하는
집인지 알 수 없는
담장으로 빙 둘러선 미루나무 사이
주황색 벽만 보이는
건물
근처 공단이 있어 단것에
개미 꼬이듯 입소문으로
점심시간만 되면 문전성시를 이루는
생선구이 집
사발 보리밥에
꽁치 삼치 갈치 한 토막씩으로
갓 담은 겉절이가 일품인
맛 좋은 음식이라기보다는
시골스러운 맛에 발길이 끊이지 않는 곳
먹고살기 위해 살며 먹기 위해
먹어도 결국은 죽고 마는
친구 따라 점심 먹으러 간 곳
일찌감치 숟가락 놓은
친구는 떠나고 없어도 여전히
성시 중인 간판 없는
생선구이 집

봄바람에

어둠 속에서 딸각,
켜지는
전등불처럼

봄은 환한 빛으로 오시는가

에헤야,
눈 밝으니 좋구나

매화, 목련, 벚꽃 이렇게
환한 빛을

그대는 흘러가는 구름이런가

봄빛에 옥색 스란치마
스치는 소리

잿물에
까맣게 타들어 가는
가슴

오래된 강

홀러온 강물만큼이나
긴 이야기

일렁이는 물빛 속 큰 물고기는 어느덧 보이지 않고 하얗게 떨어져 나간

살비늘,

개펄에 파묻어 가면서 흐를수록
여러 얼굴이 되는
강,

된여울과 윤슬로 물목 만들고 지우며 흐른 날
가두고 풀기를 반복해 온
결빙 이야기

하구에 가까울수록 가늠할 수 없는 깊이의 탁류, 무엇을 감추고자 두텁게 둘렀을까

두꺼비의 배 터진 사연을 못 들어도
어쩔 수 없어

뿔

눈 피해야 했으니 밤에만 움직였습니다

날마다 구덩이를 파고 묻어간 무덤이 수도 없습니다

설포장이 펄럭거려 얼핏 애총이 보이면
소스라치게 놀라는 날

밝은 눈 가져보니 별도 달도 어둠 속 노송도 다 눈을 가졌더라고요

어머니 죄송합니다,

벽 긁어대는 갈퀴에 뿔이 돋고 이빨은 날카로워져 야차로 변해가는 날에

사람으로 낳아 주셨는데 짐승이 되어 버렸으니
나는 어디로 가야 합니까

장마

비는 무슨 작정으로
내릴까
뒷감당 따위를 생각 안 하고 퍼부으니

쏟아져라, 마음껏
퍼부어라
흠뻑 퍼부어도 양이 안 차는 바가지

숨 가쁘게 이어지는 노드리듯에
떨어지는 정나미

알았네,
빗줄기가 쇠창살이 될 수
있다는 것을

하늘 둑이 터졌으니 무엇으로 막을까

온다고 기별한 사람은 핑계로
자꾸 늦으니

오매불망, 해 뜰 날만
간절해져

양귀비

활활 타올라야 한다
제단의 불,

붉은 깃발은 비밀을 품었으니

하늘 전쟁에서 용의 핏물 튄 깃발이 조각조각 찢어져 지상으로 흩어졌노라고
제단의 불이 꺼지는 날엔 제사장 목이 달아나기에 방심해서는 안 되는 일
참나무 장작을 곳간에다 차곡차곡 쌓아두고 재단의 땔감에 소홀하지 않도록
불이 꺼지면, 악귀가 뿌리는 독액에 세상이 취해서 비틀거릴 것이니

불길이여, 제단에서 영원히
기운차게 타올라라

소슬바람인 그대

그대여,

노을을 묻혀서 소슬바람으로 불어오시는가?

가죽 부대를 벗어도 갈바람에 부드럽던 머릿결은 변함이 없던가

그대 눈엔
세상이 여전히 바람 가득 찬 아우성으로 보이는지

숨만 붙어 할딱이는
그림자라네

두께살 둘렀던 하얀 뼈 불살라버리고 몸이 눈 되어 세상을 바라보는

그대여,

그런 일이 없다고 해도 그런 일들이 가능하다는 것을 믿기에

불어닥치는 쓸쓸한 바람이 그대라는 것을
의심치 않으리

금 간 기둥

어쩌다 보고 말았네
금 간 곳을

복잡해지는 셈법, 쌓아 올리는 것은 고사하고 쌓아둔 것이 불안하여라

사실을 말해야 할까
아니면 지옥을 오롯이 혼자 짊어져야 할까

몰랐다면
차라리 좋았을 것을 돌처럼 굳어가는 심장이라니

눈이 끝날을 정하고 말았네

어느 날 쾅! 소리와 함께 순식간에 무릎이 꺾여져 주저앉을 때까지

무너져 내리는 두려움을
감당해야겠지

늙은 풍경

옹이투성이 느티나무 아래 빨갛게 녹슨 양철지붕 집

늙은 개와 꼬부라진
할멈,

그 집 앞을 지나다니던 당신도 자전거 페달 밟는 다리가 후들거리는
날에

역발산 기운을 가진 장사도 바람 빠진
풍선이 된다더니

무릇,
살아 숨 쉬는 모든 자에게 심어진 늙은이라는 씨앗

속지 마라, 늙지 않는 씨가 있다는
거짓말을

겹겹의 허물을 벗고 이르는 늙은이의 날에 폭 뒤집어쓰게 될 주름투성이
가죽 자루들이여,

매듭

당신은 중간에서
올라타고 중간에서 내렸을 뿐

시작과 끝은 나 자신이 묶고 풀
매듭이 아니기에

시작과 끝 사이
양탄자에서

한여름 밤 꿈을 꾸다가 깨는 것이
당신의 숙명이니

누가 시작과 끝을 묶고 풀 수 있단 말인가

무릇 시작과 끝이란 주인 손에 쥔
매듭 노리개이기에

무엇을 하든
당신은 처음과 끝을 보지 못하고
사라질 것이라
불티처럼

희망이란 알

문풍지 바람에 뼈 삭아 우왕좌왕 갈피 못 잡는 발걸음이라니

백 년도 못 살면서 천년 먹고도 남을 쌀가마를 창고에 쌓아두어야 안심되는

사는 날 내내 달라붙는 거머리 같은
뱃속 걸신이 지랄 같아

죽어서 갈 지옥보다 살아서 찔리는
쇠꼬챙이가 더 고통스러우니

주머니에 든 말랑말랑한 알, 깨지 않도록 손아귀의 힘을 잘 조절해야 하니

몽환의 달

　동지섣달에 어머니가 돌아가셨다

　슬프지 않았다 뭔가 가슴에서 묵직한 것이 한번 쿵! 떨어지는 느낌만 들 뿐

　왜 이렇게 덤덤할까? 결국 나는 못된 자식인가, 라고 생각했지만 그땐 몰랐었다

　사람 마음에는 슬픔을 무디게 받아들이도록
　한 겹 깔판이 있다는 것을

　한 번에 들이닥친 슬픔은 구리종이라도 깨져버리기에 밀물처럼 점진적으로 다가온다는 것을

　슬픔은 두고두고 영혼을 적셨으니

　어머니의 죽음은 타향살이에서 사무치게 와 닿은 적이 한두 번이 아니었다

　슬픔은 밤하늘의 달이었다
　몽환적인

벚꽃 아래서

천변 공원의 벚나무 군락이 하룻밤 사이
하얗게 죄다 터졌다

간밤에 여신이라도 다녀간 것일까 사람 하나 없어도 이렇게 풍성한 잔치인 것을

허물어지고 핏물로 얼룩진 자리에
순백으로 펼쳐지니

곧 흙덩이를 뚫은 뿔이 여기저기를 들이받을 것이다

삼삼오오 사람들이 모여든다 셔터 소리가 터지고 사람들의 웃음소리,

이렇게 이야기는 다시 시작되는 것을

결국 너와 나는 동화 속, 성城으로 초대받은 손님에 불과한 것인가

이야기를 시작하는 이의 손짓에 따라 펼쳐지는
봄날의 소나타를 보라

나는 보았네

위층에서 내려오는
하이힐 소리

문 열다 말고 구멍으로 내다보니

며칠 후 결혼한다는
교수의 딸

늘씬한 미녀
콧구멍 후벼 파 딸려 나오는
긴 코딱지

벽에다 쓱 문지르고는 아무 일 없는 듯이 내려간다

참,
사람 사는 모습이 어찌 하나같이
비슷한지

혼자라고 확신하는 웅덩이에서
너도 해본 자유로운
행위

바위에 앉아

소나무 사이 자드락길 바위에 걸친 궁둥이가 차갑다

솔개,
정립된 모습을 지니기 위해 몇만 년을 날아왔을까

골방에서 줄담배를 피우며
마시던 깡소주

방황했던 날의 생채기가 X레이에 찍혀 나왔다 어찌 그것만 새겨져 있겠는가

잊은 상흔도 어딘가에 나이테처럼 새겨져 있겠지

사람을 냅다 들이받고 날뛰던 부사리,

도살장으로 끌려간 뒤 진흙밭에 남았던 용식이네 황소 발굽 자국처럼

상흔, 산바람에 담배 연기 풀어지듯
흔적 없어지면 좀 좋으랴

내일

내일을 걱정하는 당신
걱정하지 마세요

온다는 내일은 오늘이란 담장을 넘지 못하고 언제나 허풍으로 끝이 납니다

내일은 구름 속 용이며
꿈속 봉황이라서

내일의 손을 붙잡기란 여간 어려운 일이 아닙니다 오늘이란 징검다리에서 폴짝거리며 뛰고 있을 뿐

내일로 건너간 사람은
아무도 없기에

죽을 때까지 당신은 내일이란 담장을 넘어갈 수 없습니다

긴긴 오늘을 살 뿐이니 내일이랑은 부디
걱정하지 마셔요

설마가 일어설 때

신열에 시달리던
그녀,

수족관 너머를 보는 혜안을 가지게 되었으므로 물고기로 주입한 날이 허사가 되었다

자신이 새라는 것을 알아차리는
순간

그녀는 몇 번을 지느러미와 날개를 비교해 보았을까?

물고기로 살아 온 날들을 잊으려는 듯

온몸에 밴 익숙함을 훌훌 벗어 버리는 용기는 어디서 나오는 것일까

쉽지 않은 길을 택한 그녀, 수족관을 깨부수려는 망치질로 흔들리는 벽•

나는 그녀가 물고기일 때까지만
함께할 것이라서

풍창파벽의 날

백몇십 년째, 라던가

윗대부터 물려받은 집이라고 자랑삼던 할멈도 몇 해 전에 세상을 떴고

키, 채반, 대소쿠리를 끈으로 흙벽에 매달아 바람 부는 날 용케 견뎌왔으니

무슨 이야기를 나누었을까 어쩌면 수없이 반복된 이야기로 귀에 딱쟁이가 앉았을 수도

오줌싸개 아이, 과일 서리한 일들 무말랭이 말린 이야기를 끝없이 반복해도

서로 고개를 끄떡였겠지

빗물로 얼룩진 벽에 찰싹 들러붙어 천 길 아래 벼랑을 바라보며

동지애로 버틸 때까지 버텨 보자는
도깨비 탈들

보리타작

묵은 점빵 외상값 갚고 뒤주에 서너 달
입 칠할 농량을 넣어두니

거섶안주에 막걸리 한 사발로 눈 풀어져 담장 밑 맨드라미 유난히 붉게 보이는구나!

구름 사이 낮달이 눈에 차고 궁리할 벌어 둔 시간에 마음 넉넉하여라

하루쯤 맥장꾼 노릇을 해도 누가 뭐랄 사람이 있으랴

알짱거리는 보리 개떡 같은 마누라
찹쌀떡으로 보이고

어제 미운 것이 오늘 곱게 보이고 어제 안 보이던 것이 오늘은 보이니

환하게 밝아진 눈이
신통하여라

고목

웅얼거리는 늙은이 서넛 허리에 외로움이 엉겨 붙었다

바람에 탁 난 이들에게 나그네는
위로받았을까

묶인 끈은 풀 수 없다는 것을 하늘과 땅이 가르쳐 주지 않던가

시골 고라리라고 순박만 할까

생각만 하는 말뚝도 죄업을 수미산만큼
쌓을 수 있는 것을

늙은이가 사는 이유를 못 대면 자괴감 드는 일이기에

변명을 골똘히 생각하느라 날을
허비했을 수도

변명이 떠올랐더라도 입을 꾹 다물어야 할 것이니

오래된 나이는 남의 것을 빌려다 쓰는
경우가 허다하기에

노을 비치는 창

가슴에 와닿는
갈바람
굳이 피하지 말라

회오리치는
요란한
불길, 영원히 타오르지 않으리

어느 순간
가라앉아 적막감이 찾아들면

잿더미 된 불 먹이에 미련 두지 말고
적막감 속으로 걸어가라

홀로
가슴 훑는 바람받이에서

즐겨라,
바람과 일체 되는
몸을

여린 날

보슬비에 살구꽃, 복사꽃 잎 다 떨어질 테지

본래 여린 것들은 기침 소리에도 화들짝 놀라는 법이기에

임꺽정 닮은 걸걸한 사내 상용 씨,

아내가 둘째를 낳다가 뇌혈관이 터져 십수 년째 자리보전하니 홀애비가 따로 없다

수선화처럼 여린 아내,

상용 씨 술 한잔 들어가면 뼈대가 너무 약한 여인과 결혼했다는 하소연에

소나기 날엔 어떻게 견디느냐고?

겹겹의 울타리도 보호가 되지 못하니 시련은 언제나 하늘에서 쏟아지기에

허리 한번 못 펴고 두들겨 맞아야 하는
여린 잎사귀의 날

여름 고개

된더위에 무색해지는
입추,

마지막 기운을 쓰는 중이겠지 지팡이 걸음으로 고개를 넘어가는가 보다

더위도 추위도 기운으로 버텨낸다는 것을
이제야 알았으니

비늘 벗겨 대가리 지느러미 쳐내고 내장 긁어내면 살점보다 더 수북이 쌓이는 찌꺼기

신작로 모깃불을 피워 놓고 밤새 이야기로 두런대던 옛 촌로들 찌꺼기 아까운 줄 알았던가?

사시사철 선선한 바람 부는 곳에서 살고 싶어라,

살점 한 입 뭉텅, 제대로
베어먹을 수 있게

턴

어, 명수 씨,
대낮부터 웬 술타령일까?

소주잔 털어 넣는 소리가 찰지다 마치 꿀 빠는 소리처럼
풀린 눈에 흐릿한 전경이라

나둥그러진 쥐며느리 사체
사이로
딱정벌레가 벽을 두어 뼘 앞두고 딱 멈춰 되돌아간다

뱅뱅 맴도는 쥐며느리, 벽을 뚫어 볼 요량인가?
머리가 깨지지 벽이 깨질까

명수 씨, 근린공원에서 뻣뻣한 동태로 발견되었다 걸음을 되돌렸으면 한참 더 걸을 수 있었던 것을

길 아닌 곳에선 길이 보이지 않으니 털썩 주저앉는 것이 차라리 더 편했을까

오래됐다 한 자리에서
맴돈 지

어름사니

허공에서 허공으로

시간이 싸지른 사생아 등에 올라타고 튀어 오른 곳에서 만나는
찰나와 무한,

줄 튕겨 일으키는
불꽃

해 지면 어슴푸레 젖는 달빛에 감질나는 희열, 튕겨서 솟구치는 허공에서 멀어지는 벼랑

날개 없는 자들에게만 있는 것이
벼랑인 것을

소금기둥

비 오는 거리로 나섰더니

건물과 사람,
떠돌이 개와 길고양이 가로수까지 녹아내린다

오호라,
견고한 성城인 줄 알았는데
소금 덩어리였다니

장엄한 풍경은 커튼의 무늬이고 삼라만상이 그릇 속의 유리구슬이구나

머리 위 호시탐탐 노리는 물주머니에서 실금 터지는 소리,

나 이제, 사라지는 전경에서 무엇을 딛고 서 있어야 할까

몰랐어, 네가 부서지면 나 역시
부서지는 것을

11월 중순쯤

구름 한 덩이 둥실 뜬 하늘
밭둑에 매인
염소는 풀 뜯다 말고 입맛이 쓴지 매헤~ 울고

노랗게 마른 풀을 뜯어도
희한하게 염소 똥은
까맣네

재빨리 끝낸 추수에 동네 사람들 매장치기로
썰렁한 동네

작년과 올해 추수가 그제, 어제처럼 겹치누나
가파른 언덕에서 구르는
굴렁쇠

곧 첫눈이 오겠지
오거나 말거나
염소는 무슨 생각에 고개 들고서 매헤~ 또 울고

흰 구름은 서녘에 걸쳐져
붉게 적셔졌다

걸신

하도급 업체가 무슨
힘이 있으랴
일거리 떨어지면 미련 없이 접어야 한다

헐값에 기계 넘기고
월급을 정산하고 일거리 생기면 그때 보자며 마무리하니 전신에 퍼지는 허기,

하루 꼬박 식사를 못 했나?

고봉밥으로 퍼먹어도 허함이 가시지 않아 한 그릇 더 시키니 배는 터질 듯하고

항아리 속에서 허우적대는
벌레 한 마리

유년 시절부터 달라붙은 공생이 쉽사리 떨어지지 않겠구나, 라는 절망에

눈 새치름 뜬 뱃속 걸신에게
나, 안부 전하노니

숙살지기

풀벌레
울음,

바람,
핑계로 잦아들고

휘발성으로 날아가는 웃음이
허공에 가득 찬
날에

북덕무명 겉옷
한 벌로
구명도생이라

몇 다발 과동시에서
숲에서
마른 억새에서

응어리지는 울음으로
쫓기듯 내달리는
노루 발굽

봄

야반도주한
동창네 집

허물어진 돌담 위로
흐드러진 개나리

아지랑이 속 흔들리는
노란 하늘
저편

명주바람에 일그러지는
친구의 얼굴

뻐꾸기 울음 아련한
꿈결에

사람이라서
가슴 아린
날

돈

거적때기

들치면

어두컴컴한 구덩이 속에서

웅크린

아이

빤히 올려다보는

불안한

눈빛

창백한 말

피 흘리는 꿈

   빚쟁이한테 목덜미 채여 울부짖는데 벌떡 깼습니다 꿈속 빚쟁이는 얼마나 약이 오를까요 이렇듯 한쪽은 헛세상으로 살아갑니다 꿈에서 흘린 피, 꿈 깨고도 흘린다면 살 수 있겠습니까? 잃어버린 한쪽 팔을 꿈 깨서는 멀쩡하니 위로받습니다 새끼 밴 염소를 도둑맞은 날, 꿈이 없기를 간절히 바란 날도 있습니다 긴 꿈은 모락모락 피는 물안개 속처럼 희미합니다 꿈에서는 무엇 하나 가질 수 없다는 것을 발톱이 두툼할 때쯤 알게 됩니다 꿈은 결국 깬다는 것이기에 생시는 어디에 있는 걸까요 이부자리 축축하도록 긴 꿈 꾸는 자들이여

노거수

하늘 비위 맞추며 귀만 열어두고
바람 구슬리는 날

되도록 남 눈에 안 띄는 것이 명줄 유지한다는 것을 늙은이는 터득한바

세상은 자기 좋아하는 자들만
챙겨 쓴다는 것과

머리 달라면 팔 하나 떼어주고 팔 내놓으라면 손가락 두어 개쯤 분질러 주고

풍찬노숙의 날에 수월하게 밥숟갈 떴다고
누가 주둥이를 놀리는가

죽자고 매달리는 이슬방울 그것, 부질없어
떨쳐 버렸지

그늘 찾은 길손도 톱질만 생각하니 가부좌를 틀어도 천 길 벼랑이 저 스스로 찾아오는구나!

미로

한 사람이 서 있어야 다른 한 사람이
비켜 갈 수 있는 골목길

싼 월세에 뜬벌이 꾼들 틈바구니로 아들 하나 데리고 그도 여기에 짐 풀었다

수박 든 손은 끊어질 듯하고 대추나무집이라고 했는데 대추나무가 보여야 말이지

얽힌 실뭉치, 똘똘 말은 채로
품고 사는 사람들

땅거미 내리는 골목길 나서는 여인네에게서 화장품 냄새 진하게 풍겨오고

밭고랑 가는데 낮과 밤이
따로 없는 곳,

쭉정이 무더기에 불붙으면 그 불길, 잡을 길 없이 활활 타오르는 것을

방파제가 없어 파도가 제대로 때리는 곳, 단단해져야 한다 안 부서

지려면

  계단에 쪼그려 앉아 숨 돌리니 전봇대 삼십 촉 전구가 반짝, 눈 뜰 때쯤

  저만치서 그가 뛰어오고 비로소
  미로의 출구가 환해진다

왜바람 부는 날

굼벵이도 날이 차면 날개 달고
날아가건만

열린 문 내키는 대로 들어와 구석구석으로 뒤지며 감 놔라 배 놔라 간섭에

죽 끓듯 변덕스러운 이에게 무엇을 바라야 할까

거칠게 흔들었다가 부드럽게 어루만지기를 반복하는 종잡을 수 없는 왜바람의 날

틈바구니에서 조금씩 키워나가는 키,
우리는 심어진 것이 아니라
그려졌을 뿐

그루터기에 찾아와 머리 풀어 곡을 하니 우리가 그렇게 끈끈한 사이였던가?

바람이 어찌 뼈와 살 두른 자의 서러움을 알 수 있으리
한때 너의 몸이었을 테니 아쉬웠겠지
옛 기억이여,

손가락

긴 날에 어찌 떡 반죽만 주물렀겠는가
소 돼지 잡아 피를 묻혔다

계곡 헤집는 섬세함을 지녔지만 주인 뒤를 졸졸 따라다니던 암나귀였지

어둠 속에서 은밀히 파묻었던
빚문서는 다 삭았을까

눈 없는 곳에는 지켜보는 눈이 더
많다는 것을 몰랐으니

침묵은 고맙지만 북은 딴 동네에서 요란하게 치는구나

주인은 죽었고
등짐을 내가 다 짊어졌다

다섯 개 탑 중에서 하나를 못 건졌다고 서운해 마라, 어차피 허물어질
성城이기에

공작새

터키 궁전 모자이크 벽화도 그대 깃에 비하면
보잘것없는 문양이지요

무슨 무용담이길래 검푸른 바다가 지옥의 불길로 화르르 타오르나요

화관을 쓴 날은 짧았고 창살에 갇힌 눈眼들이 풀어달라고 아우성칩니다

유모에게 젖을 물리더니 빈곤한 날에 한 명의 자식도 보이지 않는군요

왕비로 위엄을 부렸으나 모두 뒤돌아 코를 틀어쥐었습니다
오물이 묻은 깃이기에

어둠에 잠식된 빛처럼 진주가 빛을 잃으면 유리구슬보다 못하게 됩니다

당신은 물려받은 유산을 다 탕진한 뒤에
자유롭게 되었네요

비석

담 허물어지니 바람이
쏟아져 들어온다

영원히 신을 구두란 없다 잿밥에 아등바등 애썼으니 어디 한번 먹어 봐라

손이 있어 숟가락을 쥐겠느냐 입이 있어 고기를 씹겠는가?

돌기둥에 새겼다고 자랑 마라, 그것 죽은 자들
이름표이지 않으냐?

너는 대숲 유랑자의 넋두리를 먼발치에서 들어야 할 것이다
그는 더 센 바람이기에

만월의 달이 붉게 부풀어 오를 때 바람들 육화된 몸을 얻으려고 애가 닳는다

회초리 꺾는 소리 들리니

너는 어둠이 건넨 잔을 몇 번이나 받아 마셨는지 곰곰이 헤아려야 할 것이다

등불을 들고

등불 하나 걸어가니
밝아지는
길,

어둠만큼 두꺼운 책은 어디에도 없기에

빛이 지우는 어둠이란
얼마나 미미한지

검은 대리석 바닥에 촤르르, 쏟아지는
유리구슬

빛과 어둠,

이 불안전한 경계선을
지켜야 할
파수꾼이 망루에서 꾸벅꾸벅 졸고 있으니

필경 항아리 속에다 꾸린
사바가
산산조각 나겠구나

늪

송곳니가 돋기 전에 두려움을 먼저 두르는 곳

핏줄이 그물처럼 짜지며 생이
잉태되는 순간

칠흑의 웅덩이에서 조상의 행실이 먼저 뼈와 살에 새겨지누나

벼랑바위
산,

승냥이 울음소리 괴괴한 새벽녘,
홀로 외로워라

용광로 쇳물을 휘저어 토해낸 질서, 감질나는 희열이 또 다른
혼돈으로

알 한번 품지 못하고 버려지는
아까운 둥지여

껍데기

빛의 소용돌이 속에서
신묘하게 짜여 뼈에 골수 차고 살 붙어 일어선 날

눈앞에 성벽이 놓였습니다

몸 부딪쳐 허물어야 하는
벽,

높은 하늘 역시 껍데기 속 세상이란 걸 깨닫습니다

벗어났다고 생각되면 거기가 또 다른
껍데기 속입니다

껍데기 깨뜨릴 온갖 방법을 얻기 위해 비싼 값을 치르고 있습니까?

기운으로는 절대 못 깨뜨리는 껍데기가 있습니다

조급해 말고 기다려야 합니다
찐득하게 기다리면 저절로
틈이 벌어집니다

구린내

  목 컬컬해지면 돼지 곱창집을 찾는
  시장 건물 박 사장

  똥에 잔돈푼이 남았다는 것을 아는 파리의 능력은 톱니바퀴의 일부분일까

  죽은 자와 산 자가 담 하나를 사이에 두고 서로
  왕래가 잦던 날

  똥은 산 자들의 향기였던 것을

  박 사장 건물에 세든 보릿고개를 알 만한 남정네들 서넛이 둘러앉았다

  쟁반에 수북이 썰어나온 돼지 곱창에 입이 쩍 벌어진다

  구릿한 냄새를 못 잊은 똥파리 코에는 똥 냄새가
  구수하기만 한 것을

쓸쓸함의 정의

그대가 버릇처럼 내뱉는 쓸쓸함이란 멋이고
허풍일지 모른다

쓸쓸함이란,

나목에 살갗 후벼 파는 된바람이며 새끼 새들이 날아 가버린 빈 둥지의 허전함이다

삼청 냉골 사글셋방에서 배곯은 채 웅크리고
잠을 청할 때이고

손가방 하나 들고 언덕에서 막 떠나려는 집을 내려다볼 때이며

화장터에서 한 줌의 친구 뼛가루를
받아 들었을 때이다

그대의 쓸쓸함은 진정으로 쓸쓸한 자들을 위해

가볍게 꺼내지 않는 것이
예의일 수도

싹

싹이 올라오면
여기저기에 간지러울 거야

짧았던 것이 길어나려면
간지러워야 해

언제부턴가 간지러웠던 곳이
간지럽지 않아

꿈속에서도
간질간질했던 손과 발이 더는 간지럽지 않아

손가락이 자라지 못해
조막손에서 멈추어 버린 것이
슬펐어

무엇 하나 움켜쥘 수 없이
줄줄 새는 손으로

샘물을 마실 수 없다는
사실에

빈 병

그래, 이 모습이지

먼 훗날,
기억이 날까

싫어했다가도 자기연민에
빠졌던
나를

여려 빠져

바람이 조금만 불어도 줏대 없이

이리저리 구르던
빈 병인

못난 모습이 얼마나 보기가 싫었던지

홀로 춤추던 구름다리
기억날까?

불 꺼진 창

불빛이 꺼지면 비로소
눈이 열립니다

소란한 것들은 멀어지고 시선은 단조로워져 오롯이 나 자신에게만 집중됩니다

왜, 관계 안 해도 되는 것에
종속되어 있는지

어디에 관심을 쏟아야 하고 무엇과 관계를 맺어야 할지가 또렷이 보입니다

당신은 불빛으로 환합니까 현혹되지 말고
불빛을 꺼 보십시오

하찮은 것에 매달려 동동거리는 당신이 거기에 있습니다

빛이 사라지면 가라앉을
부유물,

왜, 다른 이가 밝힌 불빛 속에서 나방이 되어 푸닥거리를 해야 하나요

전등을 끄고 무릎을 모아
앉노라면

어둠 속에서 부유물이 가라앉은 뒤 마침내 부풀어 오르는 부레처럼

광활한 우주에,

홀로 던져진 행성 같은 나란 존재가
내 앞에 우뚝 섭니다

무서운 미소

창자를 삶아 수북하게 쌓아두고 잘린 목으로
웃는 모습이라니

성향 따라 겉모습이 틀 잡히듯 웃음 띤 모습으로 죽기가 어디 쉬운가

웃는 낯도 보시라니까

거울을 보며 연습해 보지만 한번 틀 잡힌 고랑은 쉽게 펴지질 않는다

신神한테 미움받고 인간에게
죽임당한 돼지
난도질당해도 입가에 핀 미소가 사라지지 않으니

무엇으로 마음을 다듬었을까?

축생으로서 고된 삶이 끝나기를 바란 간절한 소망이 자비한 미소로
틀 잡혔을까

죽음을 덮어씌운 성화가 아닌가

섬세한 바람

밑반찬 몇 가지를 싸 들고
그를 찾았다

짱돌처럼 단단했었는데
희끗희끗한 머리카락에 허우대는 삶은 가지처럼 흐물흐물해졌다

베란다 창문 난간의 접시 화분에 핀 빨간 꽃 한 송이

앙증스러워 "예쁘다" 무심코
내뱉는 말에

뒤따라와 선 그가 '두 송이 폈는데 한 송이는 죽어버렸다고' 일러준다

거실 한쪽 크고 작은 화분에다
식물을 키우는 그,

이혼에다 병마가 할퀴고 간 굵은 생채기 고랑에

솜털 살랑거리는 바람이 일어난다
섬세한 바람이

달콤한 봄

  체면치레하느라 점잔 빼는 사이 동창 놈들 피라냐처럼 부스러기 하나 안 남기고 싹~ 핥아 버렸으니 선생님이 혀를 끌끌 차시며 따로 몰래 하나 싸주신다 동생과 나눠 먹으라며… 환한 벚꽃 나무 아래로 걸어오는 길 카스텔라 생각에 고인 침은 점점 흥건해지고 조금만 떼어먹자며 개울둑에 앉은 것이 정신을 차렸을 땐 통째 없어진 카스텔라, 혓바닥에 남은 그날의 달콤함이란 바람에 저만치 날아가던 빈 봉지를 눈으로 좇던 봄날의 꿈

달항아리

밭고랑 일구는 도구 하나
얻기 위해

뼈 깎는 통증과 살점 뒤섞이는 혼돈을 거쳐야 하는지

웅퉁바위는 어떤 모습을 바라며 몇천 년 비바람 속에서 깎이고 깎여 왔을까

제 마음대로 깎아 놓은 바람의
심술을 보라

영이 없는 형상이여
형상 없는 영이여

누가 세상을 일러 유무상생有無相生이란 천으로 짜졌다고 했던가

무릇 살아 숨 쉬는 풀 잎사귀 하나에도 강이 깊고 불길이 흐르는 것을

찬바람 가르며 달려와 아랫목에 발 한번 못 넣고 의관을 훌훌 벗어 던지며

등燈에 넣을 기름을 구걸하는
달처럼

부서지기를 반복하는
숙명을 업고서

너는,
지금 어디에서 숨찬 달리기를 하고 있는가

말끔한 옷차림을 한 번이라도
해본 적이 있는지

세상의 모든 형상은 빛이 그려내는
환상이거늘

새경은 주인 주머니에서 나오기에 하인은 늘 불안한 숨쉬기를 해야
하니

그대여,
웅덩이에서 모습을 갖추기 위해 지금도 애쓰는 중인가

심하게 일그러진
모습으로

유성

얽히고설킨
칡넝쿨,

훌훌 벗어 던지고 한 줄기 긴 휘파람을 쏘면서 날아가는가

끝없이 펼쳐진 꽃밭 위를 날아올라 기둥과 기둥 지나서 오색구름에 적시노라면

빛의 세상 거기, 다정한 위로의 말씀에
서럽게 울지 말며

새 옷 기꺼이 받아 입고 배고픈 이들 두루 살펴 잘 차려주시는 한 상 받아서

눈 또렷한 빛의 날들 무한히
이어지기를

녹두꽃

아파트 외벽 타는
페인트공

갓 스무 살
아내

남편 졸라 기술 배워
외벽 타던 날

재래시장에서 남편이 사 준
파란색 작업복

빛살 튀는
유리창

건물 외벽에서 파닥이는
파랑새

집에서 애간장 태우느니
눈앞에 남편을
두겠다고

습작의 하소연

돌멩이를 던져도 물둘레가 일어나지 않아
은밀하게 싹을 틔웁니다

문어발처럼 꿈틀거렸을 애타는 어휘들이 허공에서 사라지고 말았나요

가득 차 있을 당신께서 어느 한구석에서 애태우는 소릴 못 들을 수는 없습니다

보이는 것은 보이지 않는 것을 갈망하고
보이지 않는 것은 보이는 것을 갈망하니

습작으로 채워진 화폭에는 그려 넣을 데가 없습니다

천둥이 풀잎의 소리에 귀 기울이겠습니까

기억하소서,
번번이 되돌아오는 메아리에 낙담하는 한숨을

흙담은 이대로 허물어집니다
침이 발렸으므로

나비 발톱

누이야,
굽이굽이 악산을 넘어왔느냐

산이 울리는 짐승 울음에도 놀라지 않고 꽉 쥔 보따리를 놓치지 않았다니

아랫목에 묻어 둔 밥사발이 식을세라 고개에서 앞질러 가는 사람들

센 바람에 입성은 헤어지고 머리카락은 헝클어져 광녀가 따로 없구나

날개가 부러진 자리에 발톱이 돋아났으니
청천이 무슨 소용 있으랴

솜털 뽀송한 새끼들 등에 업고 벼랑 끝 바위너설을 꽉 움켜쥐어야 살 수 있기에

매달린 손아귀엔 핏물이 맺혔으니 베적삼이 흠뻑 젖어도 땀 훔칠 방도가 없구나

가난한 겨울

추운 바깥에 방안도 추운 날
아내가 말한다

내년엔 두꺼운 이불 하나는 장만해야겠지?
어, 어

내년에는 미리 겨울 준비를 하자고
외투도 하나씩 사고
어, 어

내복도 한 벌씩 사 입자
껴입어야 안 추워
어, 어

난로는 어떡할까
올해 사기로 했었잖아, 근데 깜박했네
어, 어

오소리 두 마리 종일 TV만 보고 앉았다
바깥 추운 날에 방안도
추운 날

무명천

한줄기 실바람에 열린 창문으로
옆집 목련이 부서진다

봄은 손님 오듯 와서는 주인 없는 집에서 제 일을 묵묵히 한다

빈집의 목련,
남은 세월을 무탈하게 흐를 수 있으려나

어머니의 발을 빡빡하게 허용하던 무명 버선목
여물 되새김질 같은 거친 숨 쉬기

급변하는
하늘에

목련의 정서가 고루하니 어느 환쟁이가 찾아와 허물어지는 고요를
그려낼까

시절 따라 대접받는 이도 달라지는 인심이라니

목련도 이제 늙은이 입에만 붙은
옛 가락일까

무한 속의 당신

바람의 옷으로 갈아입었을 당신을
마음에 새겼습니다

가슴 이쪽저쪽에서 부딪히는 소릴 듣습니다

저수지 갈대밭에서 물안개가 피어오르는 것을 봅니다 이 순간 나는
느낍니다

내 눈을 통해서 당신이 이 전경을 보고 있다는 사실을

우리는 예전보다 더 밀착되었습니다

내 안에서 살아 숨 쉬는 당신이기에 내가 죽기까지 당신은 죽을 수
없습니다

마침내 내가 죽으면 무한 속에 살아 있는 당신 가슴에 거하겠습니다

그렇게 우리는 천년만년 살아
숨 쉴 겁니다

굼벵이

밭 저쪽 들깨 대가 우수수 나자빠진다

허연 머리의 최 영감이 불쑥 일어나 허리 두들기며 구부리기를 반복하는 낫질에
셔츠가 땀으로 흥건해졌다

마누라와 함께하던 들깨 추수가 올해는 혼자이다

푼돈에 목돈 깨진다며 만류하는 아들 내외가 외출하는 틈을 타 깔딱낫을 챙겨 나왔다

볕 쏟아지는 마당을 바라보면 속 타는 날
몸 힘들면 머리는 맑아지나니

다랑논 저쪽 미루나무로 담장 둘러친 요양원 건물에 그제 면회 간 마누라는 이젠 남편도 몰라본다

들깨 향 진한 계절에 고개 쭉 뽑아 바라본
흰 구름 한 덩이 속 편하게
느릿느릿 흘러간다

비눗방울

예닐곱의 아이 동동거리며 비눗방울을 날리니
무지갯빛으로 물들어 날아간다

비눗방울이 터지고 터져도 찌꺼기 하나 없이 허공에서 흔적 없으니

보이는 것 중 찌꺼기 남기지 않고
사라지는 것이 얼마나 될까

청둥호박보다 더 큰 비눗방울 하나 땅에 내리자마자 풀이 창 되어 찌르니
터져 흔적이 없다

녹림 걷힌 가을 산야 훤히 드러나는 뭇 무덤, 무엇으로 찔러야 속 시원히 터져 버릴까

비눗방울 보기에
부끄러워라

광야로

덕지덕지 붙은 것 훌훌 털어버리고 따개비처럼 끈질긴 것도 떼어 버리고

머나먼 광야로 옛 선지자들 성스러운 신의 계시는 언감생심일지라도

흙바람 회오리치는 광야에서 하고 싶은 짓
마음껏 해보자

펑펑 울어도 안 풀리면 발가벗고 미친 듯이
춤 한번 추어보고

울혈이 삭았다 싶으면 무화과 그늘에 앉아 시건방진 자세로 상념에 잠겨보자

찌든 고린내 없어지면

바람과 구름, 달빛을 그려 넣어 고상해질 내 영혼,

머나먼 광야로
떠나자

거머리

아파트 입구 쇠말뚝 박아 놓은
담벼락

"노점 절대 금지"

경고문이 무색하게 할미들 몇 옹기종기 앉아 푸성귀를 잔뜩 쌓아두고 판다

찬바람에 뼈 삭을 것 같은 칠십 대의 노구들

만만하게 보지 마라!

거머리를 봤을까,

피 빠는 놈 떼어 돌로 꽁꽁 찧어도 살아 꿈틀거리던 질긴 목숨줄

경고문 따위에 떨 새가슴
할미들 아니다

영산홍

별이 빛나려면 밤을
기다려야 하듯

하고픈 말도 때를 기다려야 하는 법

할 이야기가 많더라도 아껴가면서
조금씩 꺼내려무나

달빛이, 바람이 보채도
서두르지 말고

거친 숨 삼킨 날

남몰래 울었던 가슴속 이야기를 함부로
털어놓는 법 아니니

핏빛으로 진한
노을

가슴에 차올라 문창 벌겋게
적실 때까지

고추 먹고 맴맴

엘리베이터 앞
풋고추 봉지 든 정장 차림의 남자, 물에 밥 말아 된장에 찍어 먹는 풋고추 맛을 아는 촌놈인가

눈으로 보는 맛
입으로 먹는 맛
코로 맡는 맛
귀로 듣는 맛
옛 기억 속에 남아 혀끝에서 도는 맛

추억에서 소환되는
맛은
당신이 무엇을 하든 어떤 위치에 있든 무엇을 입었든 간에 가리지 않고 세차게 문을 두들긴다

기억나는가,
주린 배 채우려고 허겁지겁 입에 퍼 넣었던 음식을 잊지 말라고 세상에 맛있다는 그것 별거 있더냐고

입맛 되찾은 너를
환영한다고

망각초

밟아라 꼭꼭 야무지게 밟아야지 어설프게
밟으면 뚫고 올라온다

볶고 굽고 삶아 먹고 버린
찌꺼기 나오는 대로 묻고 또 파묻고
꼭꼭 밟아줘라

마누라 쌈짓돈 아들놈 딸년 학비 선술집 주모의 두툼한 입술 강아지 사체 이빨에 낀 고춧가루 하수구의 생선 뼈 뻐꾸기 울음 팥죽 콩죽 간장 된장 고추장 막국수 장마철의 바퀴벌레 헌 고무신 비 새던 변소 연탄값 전기세 외상값 젓갈 김치 쌀보리 진달래 개나리… 쿵따리라라

올록볼록한 무덤

무엇을 묻어놓고 밟았는지 까맣게 잊어버려도 자꾸 뾰족뾰족 올라온다
 싹이

현 絃

사물마다 현이 심어졌으니

비 퍼붓는 바위 우박 떨어지는 나뭇가지 텃밭 상추 고추 부추가 일어설 때도

깜깜 어둠 속으로 눈송이 휘날리는 밤
빛 새듯 들리는 신음

눈 감고 귀 기울여야 들리는 웅얼거림으로 군병들 어디로 전진하는가

들리는가?

사냥꾼이 쏜 총에 쓰러지는 멧돼지의 마지막 현이 끊어지는 소리를

전화기 너머 이별을 고하던 너의 목소리에 둔탁하게 끊어지던 현의 소리,

지저귀던 새 소리가 더는
들리지 않았다

불의 뼈

　공부 잘하던 딸이 차 사고로 죽었다 합의해 달라는 사정을 뿌리치고 끝내 감방으로 보냈다 쇠기둥을 불로 끓여 만들었다는 것 누가 기억할까 한때 뜨거웠던 것일수록 더 차디차게 식는 법

　소탈하던 잡화점 홍 사장 말수 없어지고 술 한 모금 안 마시는 바위로 변했다 바위를 끌어안으면 입이 돌아간다 아내가 떠나갔다 한번 굳어버린 것을 어떻게 녹여야 할까

　견디든가 부서지든가 보라, 세상에 널브러진
　불이 굳혀 놓은 것을

파리

탁! 탁! 파리가 압사한 채 벽에 눌어붙는다
이토록 무심할 죽음이 있던가

콩알만 한 몸에 눈과 창자, 잠지봄지까지 달린 경이로운 존재가 아닌가

쥐 사체에 구더기가 잔뜩 슬었다
이들이 없다면 세상은 목내이로 산을 이루었을 것이다

우중충한 날 사방에서 기어 나와 구물거리던 시골 변소의 악몽을 한 번씩 꾸는가

사람도 구더기가 아닌가, 지구라는 똥 덩이에 달라붙어 악착같이 파먹는 구더기

죽어 땅에 달라붙어 있어도 느낌 없이
무심히 바라볼

기억의 덫

나목,
거무튀튀한 팔로 서로 엉켜 끌어안고 있다

겨울이란 철로 옆에서
꿈꾸는 중

뼈에 살붙이고 피가 다시 도는 일을 해마다 반복하는 숲

죽었다가 살아나면
어떤 기분일까

무성했던 초록의 전생이 다시 떠오를까

겨울 시퍼런 칼날에 토막 난 기억 모두를 온전히 가질 수 있을는지

궁금하다, 내 안에 여러 타인의
모습이

창백한 말

니므롯이 쌓아 올린 바벨탑은 미완성으로 끝났으나 큰 뱀이 새끼를 쳐 뱀 천지가 되었다 먹구름 소용돌이치는 밤에 큰 눈 하나 박혀 두루두루 살피니 진혼곡이 울려 퍼지는 날에 게걸스럽게 먹는 돼지들 포기하지 못한다 담무스의 후예들아! 불야성 이룬 바벨탑을 쌓아 올렸다고 우쭐하느냐 하늘 뚫어지라고 더 쌓아 올려봐라 우렁이 껍데기 속 살점이 무슨 영광을 얻겠느냐 꿈속에서 마신 냉수, 깨고 나면 갈증이 더 심하듯 탑을 쌓아 올릴수록 허기로 잠 못 이룰 밤이 될 것이다 흙덩이는 무엇을 쥐어도 바스러진다는 것을 모르니… 창백한 말이 쉬지 않고 달리므로 곧 너희를 전리품으로 나눌 것이다 감사할 줄 모르는 세대는 제단에 제물로 바쳐질 것이며 살 타는 냄새로 진동하겠지만 정갈하지 않은 제물에 누가 군침을 흘리겠는가? 파리가 어느 쪽에 앉는지 알면 너희 주인도 밝혀질 것이니 안개가 밀려간다고 청명한 하늘을 기대하지 말라 준비된 더 짙은 흑암이 밀려오나니 이 모든 것이 뱀의 씨인 니므롯을 따른 결과가 아니냐 튀는 핏물에 옷자락이 적셔지고 파멸의 전주곡인 나팔 소리로 심장 떨리는 밤이로구나

적셔지다

바람이 풀잎을 흔드니
사이사이 벌어지며
적셔진다

서로 숨을 내쉴 수 있는 틈바구니,

뭐든 막혀 있으면 썩는다

쓸모없는 부스러기 다 쏟아 버리고
빈 소쿠리로
놔두면

되새 떼와
노을 곱게 물드는 서녘 하늘이
담길 것이니

강물 소릴 들으려면 둑을 터 줘야 하는데

물길을 터주지 않아서 놓친
무수한
물고기 떼

방구리

빛이 날아간 보석은 돌멩이만 못한
잡석이듯

가죽 자루 덧씌운 흙 벌레야
말해서 무엇하리

싱그러운 버드나무의 날 지나니

오가리 든 쭈그렁
바가지라

서로 부끄러워 마주 보고 웃었다

물오른 버드나무와 여우 꼬리 같은
봄바람을 담았던
방구리,

바닥에 힘껏 내려치면 튀어나올까?
적립해 놓은 것들이

[발문] 소슬바람, 그대

　지난밤, 한바탕 폭풍이 다녀갔다. 세찬 바람 잦아들고, 귀를 찢는 울음소리도 멈춘 후에야, 비로소 보이는 것들이 있다. 무너진 자리에서만 오롯이 쓸 수 있는 문장이 있다.
　『간밤의 폭풍은 감추어 두겠습니다』는 폭풍 이후에 비로소 시작하는 시집이다. 정능소의 시는 폭풍 그 자체가 아닌, 그것이 휩쓸고 간 풍경의 뒷면을 오래 들여다본다.

　시인에게 생은 신비와 비정함이 공존하는 공간이다. "한줄기 실바람에도 목련은 부서지고"(〈무명천〉), "살아 숨 쉬는 풀 잎사귀 하나에도 강이 깊고, 불길이 흐"(〈달항아리〉)른다. "우연이란 이빨 사이로 요리조리 잘도 피해"왔으나, "한 치 오차 없이 떨어지는 기요틴의 칼날"(〈부러진 말뚝〉)을 맨몸으로 마주하는 곳이다.

　시인은 생의 낙차를 고스란히 견뎌낸 자리에 남은 것들, 허물어지고 무너지고 부서진 것들의 목소리에 주목한다. 실금 간 채 가까스로 버티는 이들을 향해 몸을 돌린다. 시인은 고통을 바로 보되, 결코 고통에 매몰되지 않는다. '산다는 일은 슬픔을 느낄 일이 많'음을 깨닫는 과정이지만, 한편으로 '사람 마음에는 슬픔을 무디게 받아들이도록/ 한 겹 깔판이 있다는 것'을 역설한다.

폭풍이 휘몰아치는 밤에 그대, 세상없이
곤히 자더군요

나뭇가지가 부러지고 지붕은 들썩이며 고양이 울음이 폭풍 속에서
메아리쳐도

꿈속 고요함을 즐기듯 미동이 없었습니다

어둠 속으로 모든 것이 빨려들어 빙빙 도는 소용돌이 기둥을 보았
습니다

밤하늘 가득 혼돈의 신神이 핏발 선 눈으로 구리종 울리는 소리로
울부짖으니

잡신들 두려움으로 벌벌 떨어도
고른 숨을 쉬던 그대여,

심장이 쿵쿵 뛰어도 그대는 아무 일 없는 듯 평온하게 아침을 맞더군요

간밤의 폭풍은 감추어 두겠습니다

<폭풍이 지난 후> 전문

폭풍은 지나갔고, 흔적만 남았다. 시인은 헤집어 드러내는 대신, 감춤을 선택했다. 폭풍을 온전히 품은 자만이 보일 수 있는 지긋한 배려다. 말하지 않고도 말해지는 것들이 있음을, 잊힌 듯하지만 결코 사라지지 않은 것들이 있음을 아는 까닭이다.

시를 쓴다는 것은 결국 자신을, 자신의 세계를 써내려 가는 일일 테다. 시를 읽는 일 또한 그러하다. 어떤 고통도 함부로 위로하지 않고, 슬픔을 회칠하여 치장하지 않는 정능소의 한 세계를 통해 독자는 역설적으로 알게 될 것이다. 애써 감추었던 격랑의 시간이 결코 혼자만의 것이 아님을, 누군가의 시가 당신을 위해, 그 밤을 함께 견뎠음을.